16	3	2	13
5	10	11	8
9	6	7	12
4	15	14	1

Lúcio Kowarick

TRABALHO
E VADIAGEM
A origem do trabalho livre no Brasil

Prefácio de Raquel Glezer

editora 34

EDITORA 34

Editora 34 Ltda.
Rua Hungria, 592 Jardim Europa CEP 01455-000
São Paulo - SP Tel/Fax (11) 3811-6777 www.editora34.com.br

Copyright © Editora 34 Ltda., 2019
Trabalho e vadiagem © Lúcio Kowarick, 1987, 1994, 2019

A FOTOCÓPIA DE QUALQUER FOLHA DESTE LIVRO É ILEGAL E CONFIGURA UMA
APROPRIAÇÃO INDEVIDA DOS DIREITOS INTELECTUAIS E PATRIMONIAIS DO AUTOR.

Edição conforme o Acordo Ortográfico da Língua Portuguesa.

Capa, projeto gráfico e editoração eletrônica:
Bracher & Malta Produção Gráfica

Revisão:
Beatriz de Freitas Moreira

1ª Edição - 1987, Brasiliense, São Paulo (1 Reimpressão)
2ª Edição - 1994, Paz e Terra, São Paulo (1 Reimpressão)
3ª Edição - 2019

CIP - Brasil. Catalogação-na-Fonte
(Sindicato Nacional dos Editores de Livros, RJ, Brasil)

	Kowarick, Lúcio
K88t	Trabalho e vadiagem: a origem do trabalho livre no Brasil / Lúcio Kowarick; prefácio de Raquel Glezer. — São Paulo: Editora 34, 2019 (3ª Edição). 168 p.
	ISBN 978-85-7326-741-9
	Inclui bibliografia.
	1. Trabalho e classes trabalhadoras - Brasil - História. 2. Trabalho escravo - Brasil. 3. Imigração - Brasil. 4. Sociologia. I. Glezer, Raquel. II. Título.

CDD - 305.5

TRABALHO E VADIAGEM
A origem do trabalho livre no Brasil

Prefácio, *Raquel Glezer* 7

Introdução 15

1. Consequências históricas da escravidão 25

2. A economia cafeeira do século XIX:
a degradação do trabalho 43

3. Os percursos da Abolição 75

4. A imigração em massa:
produção de homens livres
enquanto mercadoria para o capital 91

5. A recuperação da mão de obra nacional 113

6. Modo e condição de vida
da população livre despossuída 133

Referências bibliográficas 157

Créditos das imagens 165
Sobre o autor 167

Prefácio
UM RETORNO BEM-VINDO

Raquel Glezer[1]

A terceira edição de *Trabalho e vadiagem*, uma das obras clássicas e referenciais dos estudos urbanos do século XX sobre a sociedade brasileira, centrada no espaço paulista, vem acrescida de um novo capítulo sobre as condições de vida e moradia da população mais pobre na cidade de São Paulo, que o autor identifica como "livre e despossuída".

Sabemos que a grande maioria dos estudos acadêmicos especializados sobre a sociedade brasileira existem em apenas uma edição, localizada nas bibliotecas universitárias, com escassos exemplares esporadicamente oferecidos em sebos. A publicação deste livro é uma oportunidade para novos leitores terem contato com um texto ágil, sintético, articulado com os debates que estavam acontecendo no momento de sua produção e bem fundamentado em seus arrazoados.

Para os leitores mais antigos, certamente será uma releitura prazerosa, um reencontro com os debates teóricos e com os autores das questões sociológicas e historiográficas de meados do século XX, especialmente as das décadas entre 1960 e 1980, quando a reflexão crítica na produção acadêmica das ciências humanas estava centrada nas pesquisas sobre a formação da sociedade brasileira, em seus múltiplos aspectos.

---

[1] Professora Titular de Teoria da História e Metodologia da História do Departamento de História da Faculdade de Filosofia, Letras e Ciências Humanas da Universidade de São Paulo; Professora Sênior do DH/FFLCH-USP; Professora Emérita da FFLCH-USP.

O volume está estruturado com uma introdução e seis capítulos que percorrem a trajetória histórica da sociedade nacional, descrevendo os grupos dominantes, detentores de poder político e econômico, desde o período inicial da colonização, na formação da nação, até a República e os anos 1930, e os grupos subalternos em suas diversas situações: indígenas, africanos, brancos pobres, imigrantes e os trabalhadores livres nacionais — escravizados e/ou assalariados.

A sociedade que se formou no processo de colonização, em moldes do Antigo Regime Português, fundamentada na escravização de populações indígenas e africanas e no cultivo e exploração de gêneros tropicais de exportação e de minérios, manteve algumas características senhoriais.

As mudanças e transformações dos regimes políticos — de colônia a nação independente, primeiro como Monarquia e depois como República em suas diversas fases — não provocaram alterações profundas na estrutura social. Os grupos dominantes continuam exercendo suas ações em prol de seus interesses imediatos.

O Brasil se desenvolveu como país agrário e exportador de gêneros tropicais ou minérios. Hoje somos um país cujo maior componente no produto nacional bruto é a exportação de gêneros tropicais identificados como *commodities*.

A ocupação territorial se consolidou, a população cresceu em termos demográficos, mas ainda temos um imenso contingente populacional "livre e despossuído".

Não falamos dos milhões de desempregados, que perderam seus empregos na recessão da segunda década do século XXI, mas sim dos milhões que sequer entraram no mercado formal de trabalho.

Estes vivem isolados no meio rural, sem condições dignas de sobrevivência porque a terra já foi toda apropriada de forma legal ou ilegal; ou são moradores das periferias urbanas, que cercam quase todas as grandes cidades brasileiras, atraídos por um projeto de melhores condições de vida para si e seus familiares, mas que são sempre empurrados um pouco mais para longe assim que o espaço que ocupam se torna economicamente rentável.

Nesta época difícil em que estamos, no final da segunda década do século XXI, em que as ciências humanas e a história são abertamente desclassificadas como conhecimentos científicos em níveis governamentais, a reedição de um clássico com reflexão sobre a formação da sociedade paulista e brasileira é mais do que oportuna e digna de elogios. É um ato de coragem e de crença em um outro futuro possível.

Para Tania e Felix,
in memoriam.
Anna K.:
saudades.
Kirikow:
do espanto fez-se o encantamento.

"O povo tem direito à sua própria história"
(Dean, 1977: 15)

Senhor Amleto Henrique Ferreira-Dutton:

"Mas, vejamos bem, que será aquilo que chamamos de povo? Seguramente não é essa massa rude, de iletrados, enfermiços, encarquilhados, impaludados, mestiços e negros. A isso não se pode chamar um povo, não era isso o que mostraríamos a um estrangeiro como exemplo do nosso povo. O nosso povo é um de nós, ou seja, um como os próprios europeus. As classes trabalhadoras não podem passar disso, não serão jamais povo. Povo é raça, é cultura, é civilização, é afirmação, é nacionalidade, não é o rebotalho dessa mesma nacionalidade. Mesmo depuradas, como prevejo, as classes trabalhadoras não serão jamais o povo brasileiro, eis que esse povo será representado pela classe dirigente, única que verdadeiramente faz jus a foros de civilização e cultura nos moldes superiores europeus — pois quem somos nós senão europeus transplantados?"

Maria da Fé:

"Então saíram, Vevê de mestre, Sambulho, Nego Régis, Odorico e Nego Feio, uma coisa mais que linda, a lancha cambando como um boto, o cordame e as madeiras gemendo, a proa querendo levantar voo e cortando as ondinhas numa tesourada veloz, um cardume de agulhões dançando em pé a sotavento, somente os rabinhos ciscando à flor d'água [...] Sem conseguir resolver para onde olhar durante todo esse tempo, Dafé se admirou de haver tanta ciência naquela gente comum, se admirou também de nunca ter visto nos livros que pessoas como essas pudessem possuir conhecimentos e habilidades tão bonitos, achou até mesmo a mãe desconhecida, misteriosa e distante, em seu saber nunca testemunhado. Quantos estudos não haveria ali, como ficavam todos bonitos fazendo ali suas tarefas, agora também ela ia ser pescadora! Até pouquinho, estivera meio convencida, porque ia ser professora e portanto sabia muito mais coisas do que todos eles juntos, mas se via que não era assim. Tinha gente que pescava o peixe, gente que plantava a verdura, gente que fiava o pano, gente que trabalhava a madeira, gente de toda espécie, e tudo isso requeria grande conhecimento e muitas coisas por dentro e por trás desse conhecimento — talvez fosse isto a vida, como ensinava Vó Leléu, quanta coisa existia na vida! Que beleza era a vida, cada objeto um mundão com tantas outras coisas ligadas a ele e até um pedaço de pano teve alguém para prestar atenção só nele um dia, até tecê-lo e acabá-lo e cortá-lo, alguém que tinha conhecimentos tão grandes como esses pescadores e navegadores, mas já se viu coisa mais bonita neste mundo do nosso Deus?"

João Ubaldo Ribeiro, *Viva o povo brasileiro*

INTRODUÇÃO
"Não existe pecado ao sul do Equador"[1]

> "A população livre, mas pobre, não encontrava lugar algum naquele sistema que se reduzia ao binômio 'senhor e escravo'. Quem não fosse escravo e não pudesse ser senhor, era um elemento desajustado, que não podia se entrosar normalmente no organismo econômico e social do país. Isto que já vinha dos tempos remotos da colônia resultava em contingentes relativamente grandes de indivíduos mais ou menos desocupados, de vida incerta e aleatória, e que davam nos casos extremos nestes estados patológicos da vida social: a vadiagem criminosa e a prostituição." (Prado Jr., 1972: 198)

A apropriação privada de meios e instrumentos de produção, ao gerar lucros por meio da confecção de bens para o mercado de consumo, constitui condição necessária para o surgimento do capitalismo. Mas, para que ele se concretize, esses processos de produção precisam estar articulados de modo a criar excedentes mediante uma modalidade específica de subjugar o trabalhador: este deve ser livre e expropriado, de forma que sua liberdade não encontre outra alternativa senão submeter-se ao capital. Em outras palavras, é necessário que haja a reprodução ampliada de uma relação social de produção baseada na exploração da força de trabalho.

Contudo, submeter pessoas para que vendam sua força de trabalho não é algo que se possa fazer de um momento para o

---

[1] Frase de Caspar Barlaeus, autor de *Rervm per octennivm in Brasilia...*, a história do governo de Maurício de Nassau no Brasil holandês (1637-1644).

outro. Ao contrário, a formação de um mercado de mão de obra livre foi um longo e tortuoso percurso histórico, marcado, na maioria das vezes, por intensa coerção e violência. Para tanto foi necessário efetuar maciça expropriação, que residiu em destruir as formas autônomas de subsistência, impedindo o acesso à propriedade da terra e aos instrumentos produtivos, a fim de retirar do trabalhador o controle sobre o processo produtivo. Mas, além disso, foi também necessário proceder a um conjunto de transformações de cunho mais marcadamente cultural, para que os indivíduos despossuídos dos meios materiais de vida não só precisassem como também estivessem dispostos a trabalhar para outros.

O presente ensaio analisa a constituição do mercado de mão de obra livre num contexto histórico em que a escravidão foi a forma dominante de trabalho até épocas tardias do século XIX. Em vez de se processar sobre a destruição de um campesinato e artesanatos solidamente enraizados, a universalização do trabalho livre no Brasil encontrou enorme contingente, no qual quem não tivesse sido escravo nem senhor não havia passado pela "escola do trabalho". Mais ainda, como os parâmetros materiais e ideológicos essenciais à sociedade sempre estiveram intimamente conectados ao espectro do cativeiro, para os livres e pobres trabalhar para alguém significava a forma mais aviltada de existência. Isso fez com que, no percorrer dos séculos, se avolumasse uma massa de indivíduos de várias origens e matizes sociais que não se transformaram em força de trabalho, já que a produção disciplinada e regular era levada adiante por escravos.

A questão histórica fundamental do século XIX no Brasil foi a superação de uma modalidade produtiva alicerçada nas correntes das senzalas, principalmente a partir de 1850, quando a escravidão perde suas fontes de reprodução com o término do tráfico africano e, depois de 1880, é submetida a crescente pressão social e política.

Como a imobilidade do cativeiro poderia ser substituída pela utilização de livres num país onde a maioria não havia ingressado nas fileiras do trabalho disciplinado e regular?[2] Claro que essa situação variou consideravelmente de uma região para outra no Brasil. De fato, cada província encontrou caminhos diversos para solucionar o problema do trabalho quando a Abolição tornou-se um processo irreversível. No caso de São Paulo, não obstante o vasto e rápido desenvolvimento da cultura cafeeira nas férteis terras do Oeste da Província a partir de 1850, o trabalho escravo continuaria dominante até as vésperas da Lei Áurea. Ao mesmo tempo, o crescente segmento de livres não só teve participação acessória e intermitente no processo produtivo, como também eles eram encarados pelos potentados do café como vadios, carga inútil, desclassificados para o trabalho. Numa situação em que existia volumoso número de livres, mas não se forjava um mercado de trabalho, tornou-se imperioso enfrentar o problema da mão de obra sem que fosse necessário utilizar o assim chamado elemento nacional.

A fórmula utilizada pela grande propriedade cafeeira foi a importação de estrangeiros, inicialmente da Itália e, posteriormente, da Espanha, Portugal e Japão. Eles formaram um fluxo volumoso e sucessivo, produzindo vasta oferta de braços. Sem recursos, isto é, previamente expropriados, os imigrantes chegavam com o sonho de *fare l'America*, ou seja, vieram dispostos a se submeter à disciplina do trabalho. Essa foi a solução mais adequada para o capitalismo em formação nessa parte do país, pois, de outra forma, teria sido necessário mobilizar o desacreditado segmento nacional que foi incorporado ao processo produtivo em outras regiões, durante o século XIX, mas não em São Paulo. Aqui, antes da Abolição, os livres e pobres só realizaram as tarefas que os escravos não podiam fazer, e, depois de 1888, couberam-lhes as atividades mais degradadas

---

[2] Daqui para a frente, a utilização do termo "livre" (homem, indivíduo, população, pessoa) incluirá o contingente dos libertos. Refiro-me a eles também como nacionais ou brasileiros. Obviamente esses elementos, como já eram designados durante a escravidão, só incluem os pobres e não os potentados econômicos e políticos.

Introdução   17

e mal remuneradas ou o trabalho em áreas cafeeiras decadentes. Por outro lado, os imigrantes foram canalizados para as regiões dinâmicas do café e constituíram a maior parte do proletariado que operava as máquinas da nascente e próspera indústria de São Paulo.

Este ensaio centra-se no caso de São Paulo e analisa a formação do mercado de trabalho livre numa área que se tornou o fulcro do cultivo de café, ainda durante o período da escravidão, e nas duas primeiras décadas do século seguinte já estava à frente do processo de produção industrial do Brasil. São Paulo tornou-se, portanto, desde cedo, o centro da dinâmica econômica do país. Ali, a massa de livres nunca deixou de crescer durante o século XIX, e a ela iria se somar o contingente de imigrantes que chegou nas vésperas da Abolição. Com o deslanchar das relações de produção, que levaria à universalização do trabalho livre, parte da mão de obra disponível foi cooptada pelo capital e engajada na disciplina do trabalho. Outra parte foi mantida disponível de forma *latente* nos campos e cidades, até o momento em que o avanço da acumulação precisasse do seu concurso no processo produtivo.

A leitura de uma gama variada de documentos de várias fontes leva a concluir que após a Abolição jamais houve falta de braços, seja nos cafezais de São Paulo, seja para a industrialização que ocorreu no Estado. Ao contrário, o rápido processo de expansão econômica sempre contou com larga oferta de braços, que veio, particularmente, pelo afluxo de imigrantes. Veio também da mão de obra que historicamente havia se acumulado nos interstícios da economia, adicionada, após 1888, pelos ex-cativos. Estes formaram uma massa desenraizada, que não foi incorporada no processo produtivo até 1930, quando a economia viria a apresentar maior grau de desenvolvimento e diversificação.

A diretriz teórica fundamental deste ensaio prende-se à ideia, por sinal clássica, segundo a qual a exploração da força de trabalho diretamente engajada no processo produtivo relaciona-se dialética e contraditoriamente com um exército de

reserva, disponível para ser mobilizado pelo capital (Marx, 1980). É claro que o grau e modalidade de exploração do exército ativo de trabalhadores decorre também, em grande medida, de fatores políticos que vão conferir, em cada conjuntura histórica, diferentes conjugações de forças no cenário contraditório das oposições sociais. Contudo, penso que, no processo de expansão e consolidação do capitalismo no Brasil, a força de trabalho pode ser superexplorada — e, em larga medida, até dilapidada — na medida em que o capital teve ao seu dispor não só condições de domínio político extremamente favoráveis, mas também um excedente de mão de obra que permitia levar à acentuada pauperização expressivos segmentos de trabalhadores, tanto rurais como urbanos.[3]

É claro que a constituição e consequente maturação de um modo capitalista de produzir não depende apenas de trabalhadores expropriados dos seus meios de subsistência e transformados em mercadoria para o capital. Outros processos devem ocorrer simultânea ou previamente para que a expansão do capital seja impulsionada. Mas não se deve esquecer que é o trabalho que transforma um objeto inerte em produto de valor. Se é o capital que gera a força de trabalho necessária para acumular, criando também os meios de vida para sua subsistência, é o trabalho que dá vida ao capital, produzindo o excedente necessário para sua reprodução e expansão.

O primeiro capítulo focaliza as razões da introdução — no momento de plena expansão do capitalismo mercantil do século XVI — não só da escravidão, mas da escravidão africana nessa Colônia, onde a produção foi exclusivamente estruturada para dinamizar a acumulação metropolitana. As consequências históricas dessa modalidade colonial de produção só poderiam deixar marcas profundas, tanto no que se refere à

---

[3] Entendo por superexploração os processos que levam à deterioração das condições de trabalho e remuneração, enfim, produção de excedente baseada na extração de mais-valia absoluta e que podia levar à dilapidação de parcela significativa da força de trabalho.

rigidez e estreitamento do sistema econômico, como no que diz respeito à população livre e pobre que, no final do século XVIII, já era equivalente ao número de escravos. Nesse particular, a discussão centra-se em alguns traços fundamentais das "raízes do Brasil", enfatizando a questão da degradação do trabalho. O capítulo seguinte persegue essa questão no século XIX, tendo por referência a economia cafeeira. Discuto a evolução do estoque de cativos, apontando que a alta lucratividade do café tornou possível aos fazendeiros comprar escravos de outras partes do país, quando, após 1850, terminou o tráfico negreiro e os preços dos escravos subiram vertiginosamente. O ponto central reside no aparente paradoxo segundo o qual foram as regiões cafeeiras de maior dinamismo que mais insistiram na utilização do trabalho escravo. Ainda em épocas tardias do século XIX, os livres e libertos eram considerados imprestáveis para trabalhar nas plantações, pois a pecha da indolência e vadiagem continuava a desabar sobre eles.

O capítulo 3 analisa os primeiros intentos de utilizar mão de obra livre, detalhando a clássica e fracassada experiência implementada pelo senador Vergueiro, próspero cafeicultor paulista que, por volta de 1850, importou colonos estrangeiros para trabalhar nas suas terras. Também focaliza um conjunto de precondições necessárias para a universalização do trabalho livre, principalmente a questão do acesso à terra, ao mesmo tempo em que aponta os processos que levaram à Abolição da escravatura.

O capítulo 4 aborda a montagem da grande imigração internacional, vasto empreendimento subsidiado pelo Estado e capitaneado pelos potentados do café nas vésperas da Abolição, a fim de criar volumosa e barata oferta da mão de obra. Constantemente renovada pelos sucessivos fluxos do exterior, essa abundância de braços foi fator de magna importância também para a acumulação industrial: grandes levas de estrangeiros vieram para as cidades, produzindo vasto exército industrial de reserva, que serviu para rebaixar os salários e desorganizar a resistência da classe operária nos momentos de conflito.

Introdução

O capítulo 5 deste ensaio retomam a questão da "vadiagem" dos nacionais, ponto por sinal básico na formação do mercado de trabalho em São Paulo. Durante a Primeira Grande Guerra, quando cai drasticamente a entrada de imigrantes e quando, com o recrudescimento dos conflitos sociais, especialmente durante a greve geral de 1917, os estrangeiros passam a ser associados ao assim chamado "vírus anarquista" — alienígenas injetados do exterior —, os grupos dominantes desenvolvem um esforço para revalorizar a desacreditada mão de obra nacional.

Terminando esta introdução, quero esclarecer que este ensaio é parte de um projeto maior que diz respeito aos conflitos e à condição urbana de existência em São Paulo, em síntese, às lutas pela ampliação da cidadania Mas isso não poderia ter sido feito sem antes mergulhar nas heranças que marcaram a sociedade brasileira desde suas origens coloniais. Elas estiveram fortemente presentes no percurso do século XIX, quando se forjou o mercado de mão de obra livre no Brasil, num contexto de intensa degradação do trabalho, acumulado através de quatro séculos de rigores e horrores inerentes ao cativeiro.

Na sua versão original, este ensaio foi escrito entre 1975 e 1976, quando permaneci como *visiting fellow* no Institute of Development Studies da Universidade de Sussex, na Inglaterra. Quero expressar meus agradecimentos ao referido Instituto e também à Fundação de Amparo à Pesquisa do Estado de São Paulo, que, na época, concedeu-me uma bolsa. Outra versão deste ensaio foi elaborada nos anos finais da década de 70 e inícios de 80. Naquele momento, contei com o apoio do Social Science Research Council, o que possibilitou ampliar a pesquisa iniciada anos antes.

A versão final deste ensaio foi realizada em meados dos anos 80, quando era pesquisador do Centro de Estudos de Cultura Contemporânea (CEDEC), cujo clima intelectual e suporte material foram de grande importância para o término deste trabalho. Ele também se enriqueceu com as discussões que mantive com vários colegas do Departamento de Ciências Sociais, bem como dos cursos de pós-graduação que, durante alguns anos, desenvolvi sobre o tema. Agradecimentos especiais a Paulo Krischke e Fernando Novais, que leram os originais, e a Anna de Freitas, que, além de outras coisas fundamentais, ajudou na revisão final deste trabalho.

Lúcio Kowarick

1.
CONSEQUÊNCIAS HISTÓRICAS DA ESCRAVIDÃO

"Produzir para o mercado europeu nos quadros do comércio colonial tendentes a promover a acumulação primitiva de capital nas economias europeias exigia formas compulsórias de trabalho, pois, do contrário, ou não se produziria para o mercado europeu (os colonos povoadores desenvolveriam uma economia voltada para o próprio consumo) ou se se imaginasse uma produção exportadora organizada por empresários que assalariassem trabalho, os custos da produção seriam tais que impediriam a exploração colonial e, pois, a função de colonização no desenvolvimento do capitalismo europeu (os salários dos produtores diretos tinham de ser de tal nível que compensassem a alternativa deles se tornarem produtores autônomos de sua subsistência evadindo-se do salariato)." (Novais, 1979: 102-3)

Para compreender a constituição do mercado de mão de obra livre no Brasil, é necessário retroceder no tempo e focalizar alguns parâmetros socioeconômicos e políticos próprios à ordem escravocrata. O ponto de partida histórico é, por conseguinte, o sistema colonial. Não se trata de analisá-lo em detalhes, mesmo porque sua variação foi enorme. Interessam suas características básicas e "herança", isto é, as raízes que continuaram profundas no decorrer do século XIX cafeeiro e que muito repercutiram no processo de formação do capitalismo e das classes sociais no Brasil.

Em grande pincelada, convém, inicialmente, ressaltar que o sistema colonial criado pelo capitalismo mercantil constituiu uma das alavancas de fundamental importância para a acumulação da burguesia metropolitana. De fato, as colônias americanas, enquanto expressão ultramarina do mercantilismo, devem ser entendidas como formas de acumulação primitiva, cujos excedentes estavam inteiramente voltados para a expansão do capital realizada em alguns países europeus.[1] Com exceção das "colônias de povoamento" da Nova Inglaterra, cuja ocupação estruturou-se para uma produção voltada para o autoconsumo, os demais núcleos foram arquitetados pelo capital metropolitano de modo a organizar uma produção em larga escala de artigos tropicais: são as "colônias de exploração" que, no caso brasileiro, aparecem de forma exemplar.

Efetivamente, desde cedo, com a introdução da cultura do açúcar no século XVI, criou-se um sistema produtivo que não se configurava como mera atividade extrativa e temporária. Ao contrário, tratava-se de exploração permanente, que necessitava de grande contingente de mão de obra e supunha a concentração de recursos produtivos.

O "sentido da colonização" — na clássica caracterização de Caio Prado Jr. — era realizar um excedente, lucro em última instância, que, protegido pelo monopólio inerente ao Pacto Colonial, se transformasse em fundo de acumulação para alimentar a expansão capitalista dos centros metropolitanos:

"Não bastava produzir os produtos com procura crescente nos mercados europeus, era indispensável produzi-los de modo que a sua comercialização promovesse estímulos à originária acumulação burguesa nas economias europeias. Não se tratava apenas de produzir para o comércio — o comércio colonial; é, mais uma vez, o sentido último (aceleração da

---

[1] Nesse particular, as obras de Caio Prado Jr. constituem um marco básico. A importância do sistema colonial para a expansão do capitalismo metropolitano é analisada, entre outros, por Genovese (1969). Ver também o clássico estudo de Williams (1975).

acumulação primitiva de capital) que comanda todo o processo de colonização." (Novais, 1979: 97)

Tal forma colonial de exploração pressupunha um conjunto interligado de processos que tiveram amplos reflexos na formação social brasileira. O primeiro deles, e, sem sombra de dúvida, o núcleo da dinâmica que se instaurava, foi a introdução do trabalho cativo. Trabalho cativo, porque não se mostrava possível forjar um contingente que vendesse sua força de trabalho a preços compensadores ao empreendimento colonial, pois os homens livres tinham acesso a uma gleba de terra para prover, mesmo de forma marginal, sua própria subsistência. O assalariamento em massa mostrar-se-ia inviável, não porque inexistisse uma população expropriada. A rigor, a expropriação já era uma condição prévia do sistema colonial, pois, ao mesmo tempo em que se repartiu a terra por meio de concessões de grandes glebas (capitanias e depois as sesmarias) e se controlou o comércio pelo exclusivo colonial, impediu-se qualquer forma de produção que não se encaixasse no processo de acumulação primitiva voltado para a dinamização dos centros metropolitanos.[2] Assim, mesmo em épocas posteriores, quando o número de livres e libertos já era bastante superior ao de escravos, o assalariamento mostrou-se inviável, porque esse contingente de indivíduos pobres poderia usar sua liberda-

---

[2] "Ao processo de apropriação de todos os meios de produção, inclusive, e principalmente, o solo, com exclusão dos não capitalistas, denominados *expropriação prévia*, pois, embora parte integrante do processo geral de acumulação primitiva, a forma de expropriação colonial antes a pressupunha do que efetivamente a continha. Enquanto a acumulação primitiva era o resultado de longa evolução histórica e de desagregação do modo feudal de produção, a expropriação colonial, resultado daquela, foi algo assim como uma inversão da evolução histórica, pois pôde usar dos métodos violentos próprios da acumulação originária, mesmo sem amparos legais de que se serviu, na Europa, o Estado" (Figueira e Mendes, 1977: 19).

Consequências históricas da escravidão

de para reproduzir-se autonomamente, em vez de se transformar em mercadoria para a empresa colonial.

Trabalho compulsório também porque, devido às estreitas margens de lucro, era imperioso para a empresa colonial subjugar, de forma permanente e disciplinada, grande quantidade de trabalhadores. Ela deveria levar adiante um processo cuja viabilização econômica dependia de uma produção em larga escala, voltada para o já partilhado e competitivo mercado mundial. Dessa forma, tornava-se inviável a submissão da mão de obra livre, pois, para afastá-la da economia de subsistência, seria necessário atribuir-lhe vantagens materiais incompatíveis com a dinâmica inerente ao empreendimento colonial, que só poderia estruturar-se na superexploração do trabalho.

Assim o trabalho escravo, por meio de jornadas extremamente longas e do rebaixamento também extremado dos níveis mínimos de subsistência, mostrar-se-ia mais vantajoso do que tentar uma submissão em massa da população livre, cuja viabilidade num contexto de disponibilidade de terras era praticamente irrealizável.

Mas o sistema colonial não criaria apenas a escravidão. Criaria, isto sim, a escravidão africana. De fato, o tráfico negreiro, ao transformar a captura em empreendimento altamente lucrativo, tornou-se poderoso fator de acumulação primitiva, gerando, ao mesmo tempo, vultosos excedentes por intermédio da comercialização do escravo e viabilizando, sem maiores problemas, a reprodução do estoque de cativos na Colônia. Não é, portanto,

> "[...] na índole do indígena brasileiro ou na sua relativa rarefação que se deve buscar a 'preferência' pelo africano [...]. Enquanto o apresamento dos indígenas era um negócio interno da Colônia [...] a acumulação gerada no comércio de africanos [...] fluía para a metrópole [...]. Este talvez seja o segredo da melhor 'adaptação' do negro à lavoura escravista. Paradoxalmente, é a partir do tráfico negreiro que se pode

28   Trabalho e vadiagem

entender a escravidão africana colonial, e não o contrário." (Novais, 1979: 105)

Enquanto nos centros metropolitanos opera-se vasto e longo processo de acumulação primitiva que se exprime, principalmente, na expropriação que retira a terra dos camponeses e os instrumentos de trabalho dos artesãos, transformando o trabalho em força de trabalho, na Colônia é o escravo que passa a impulsionar o processo produtivo. São processos só aparentemente paradoxais, que nas suas expressões inversas revelam o movimento contraditório da expansão do capital mercantil. Assim, o escravismo nas Américas — do qual o Brasil constitui caso exemplar — é expressão colonial do capitalismo europeu em expansão: como modalidade de exploração do trabalho engrenada plena e unicamente ao processo de acumulação primitiva, o trabalho cativo torna-se elemento de fundamental importância na trajetória que leva ao avanço do capitalismo europeu. Dessa forma, enquanto peça fundamental da economia mercantil, o escravismo colonial não pode deixar de ser analisado como parte integrante e dinamizadora do capitalismo europeu em expansão. Contudo, não pode ser descartado o fato de que a formação social gerada na Colônia estruturava-se no escravismo e era comandada por senhores. Isso, pelo menos, significava que semelhante sistema de domínio e de exploração do trabalho, a partir de certo patamar do processo de acumulação, representou um entrave para o pleno desenvolvimento de formas capitalistas de produção. No caso brasileiro, tal especificidade torna-se ainda mais evidente quando se tem em mente que o trabalho compulsório esteve presente de maneira dominante na economia cafeeira — então o fulcro do processo de acumulação — até épocas bem tardias do século XIX, quando do já se abolira de longa data o Pacto Colonial e as sociedades centrais, principalmente a Inglaterra, já se encontravam em plena fase de maquinofatura.

Mas é incorreto classificar um modo de produção a partir de um conjunto de atributos formais, cuja presença — ou não

Consequências históricas da escravidão 29

— facultaria definir determinada formação social como (plenamente) capitalista. Em outros termos, não se trata, simplesmente, de um "ser" ou de um "não ser", pois semelhante abordagem, na melhor das hipóteses, levaria a dúvidas ontológicas de estilo hamletiano. O cerne da questão reside em analisar os movimentos contraditórios que levam à expansão do capitalismo em certas áreas do globo e em outras o entravam. Assim, se as relações de trabalho criadas pelo capitalismo mercantil não apresentavam, na sua feição escravista e senhorial, as modalidades de produzir capitalistas, ao mesmo tempo elas constituem poderosa alavanca na aceleração da economia metropolitana.[3]

De toda forma, a evolução do capitalismo no Brasil foi profundamente afetada pelas modalidades produtivas que estiveram presentes na Colônia e pelas articulações que a ligavam aos centros europeus. Por ora, cumpre ressaltar que a forma de estruturação do sistema colonial só poderia levar à enorme estreiteza e rigidez do sistema produtivo. Mesmo nos momentos em que foi ponderável o volume de excedente gerado pela Colônia — por ter sido montada como mola propulsora para ativar a acumulação metropolitana —, não se originariam fundos que transbordassem os estreitos circuitos produtivos alicerçados para abastecer, via o exclusivo colonial, os mercados internacionais. Isso porque, por definição, o sistema colonial impedia o surgimento de circuitos econômicos internos, na medida em que eles entravam em conflito com os interesses da burguesia mercantil metropolitana. Não se trata, dessa perspectiva, de

---

[3] "Enfim [os produtores coloniais] eram, de modo específico, uma classe definida no modo colonial de produção capitalista que continha alguns atributos derivados do caráter capitalista-mercantil da organização econômica em que se inseriam e outros derivados do caráter escravista ou 'encomendero' das relações sociais de produção sobre que se baseava a empresa colonial. Demônios bifrontes se se quiser, duplamente contraditórios, excrescências necessárias para o avanço, no centro do sistema, de acumulação e potenciação das forças produtivas; entraves estruturais para a etapa seguinte do desenvolvimento gerado pela acumulação que eles próprios em parte propiciaram" (Cardoso, 1975: 111).

30   Trabalho e vadiagem

diversificar a economia, mas de fortalecer a produção de artigos tropicais que impulsionassem a acumulação metropolitana.

Inicialmente, é o açúcar que desponta como produto de grande potencial, sendo cultivado a partir de 1540. Já no século XVIII, surge a exploração aurífera. Apesar de outras, essas foram as atividades principais do período colonial e seu significado nada teve de marginal. Tanto é assim que, em torno de 1650, a exportação anual de açúcar superava a cifra de 3 milhões de libras, montante superior ao total das exportações inglesas da época. Por outro lado, estimou-se que o ouro brasileiro, exportado durante os cinquenta anos do seu apogeu durante o século XVIII, totalizou cerca da metade da produção mundial dos últimos trezentos anos (Simonsen, 1977).[4]

Contudo, tais excedentes tiveram relevância diminuta para o desenvolvimento das forças produtivas situadas na Colônia, pois, em grande parte, eles não eram internamente apropriados nem geravam efeitos significativos no restante do sistema produtivo. Mesmo a criação de gado, outra atividade tradicional desde os tempos coloniais, não conseguiu adquirir maior dinamismo. Articuladas e dependentes da grande unidade exportadora, o açúcar, e posteriormente à extração aurífera, formaram-se as economias de subsistência. Produzindo com técnicas rudimentares e incipiente divisão do trabalho, tendiam a apresentar baixos níveis de produtividade, seguindo os fluxos e refluxos da produção mercantil.

Mas é preciso repetir que o bloqueio fundamental residia no próprio caráter do sistema colonial, que concentrava recursos em grandes unidades produtivas e se estruturava inteiramente para ativar a acumulação nas metrópoles. A complementação de tal circuito produtivo é o envio pela Metrópole das mercadorias que a Colônia não produzia ou estava impedida de fazê-lo. A lógica do empreendimento colonial — fundamentada no monopólio conferido pela Coroa a seus súditos — fazia com que a Metrópole se apropriasse de grande parte dos exce-

---

[4] Ver também: White (1955).

Consequências históricas da escravidão

dentes, ao mesmo tempo que os fundos que permaneciam no âmbito dos circuitos internos eram aplicados em atividades centradas na economia exportadora.

Tal situação, por si só, obstaculizava o alastramento do sistema produtivo. Ademais, a crise crônica que, desde o século XVII, marcou o setor agroexportador só poderia tornar-se fator adicional de retrocesso econômico. Exemplo expressivo disso é a produção de açúcar, que, a partir de 1650, começou a sofrer a concorrência mais vigorosa do sistema antilhano. A partir de então, a economia seria marcada por sucessivas crises, com efeitos negativos tanto na agricultura de alimentos como na criação bovina.

À parte o ouro, cujo ciclo dura pouco mais de cinquenta anos, os demais produtos tiveram de enfrentar fortes concorrentes. Num quadro de constante baixa nos preços internacionais, a produção antilhana, integrada a complexos econômicos mais vigorosos e dinâmicos, contando com preferências tarifárias, representou sério empecilho à rentabilidade do açúcar brasileiro. Tal é também o caso do algodão, que, a partir do século XVIII, em razão da Revolução Industrial, desponta como artigo promissor, mas, em face da vitalidade e demais vantagens relativas da produção norte-americana, não consegue posição estável no mercado internacional.

É certo que os produtos de exportação — o açúcar e o algodão — beneficiaram-se de conjunturas internacionais favoráveis: por exemplo, a crise do açúcar antilhano, a desorganização da produção das colônias espanholas no período de luta pela independência, os obstáculos comerciais advindos das guerras napoleônicas ou do surgimento de uma nova demanda internacional, como a do algodão, para só citar eventos que ocorreram no final do século XVIII e início do XIX. Nessas ocasiões, o setor exportador reativa-se, dando novo alento à economia. Trata-se porém de situações transitórias, fruto de conjunturas favoráveis, e não de um revigoramento estrutural da economia. Assim, quando o quadro internacional se reorganiza, "normalizando" os fluxos produtivos das potências hegemônicas, o setor exportador tende a retroceder e com ele o conjunto de atividades que leva a reboque. Intimamente ligada às vicissitudes do mercado internacional, a economia brasileira, após os rápidos surtos de expansão, retomava à secular situação de atrofia:

> "Entretanto, essa prosperidade [das últimas décadas do século XVIII e primórdios do XIX] era precária, fundando-se nas condições de anormalidade que prevaleciam no mercado mundial de produtos tropicais. Superada essa etapa, o Brasil encontraria sérias dificuldades, nos primeiros decênios de vida como nação politicamente independente, para defender sua posição nos mercados dos produtos que tradicionalmente exportava." (Furtado, 1959: 113)

Após três séculos de existência, o sistema colonial não adquiriu dinamismo estável e crescente, bem como, ao impedir ramificações internas capazes de criar circuitos que levassem a formas alternativas de exploração econômica, deixou de originar núcleos duradouros e autônomos de acumulação. A concentração de recursos para a produção de artigos tropicais, apoiada no trabalho escravo, deixaria atrofiadas as atividades que não se operassem em estreita conexão com a dinâmica desse instável e excludente setor exportador. No correr dos séculos, forjou-se, assim, uma sociedade de características estamentais, que se antepunha ao surgimento de modalidades produtivas outras do que as centradas na produção de artigos tropicais, e que só poderia levar à desclassificação de todos aqueles que não encontrassem lugar na rígida e dicotomizada ordem escravocrata. De um lado, havia a massa de escravos que levava adiante o processo produtivo. De outro, os senhores proprietários de grandes extensões de terra. Conjuntamente com a burocracia civil e militar metropolitana instalada na Colônia, formavam o estreito círculo que impunha as formas de domínio político e de extração de excedente.

Consequências históricas da escravidão

No final do século XVIII, a população residente no Brasil atingia quase 3 milhões de habitantes, dos quais quase metade era formada por livres e libertos: indivíduos de várias origens sociais, cujo traço comum residia na sua desclassificação em relação às necessidades da grande propriedade agroexportadora.[5] Desclassificados porque a ordem escravocrata, concentrando e monopolizando os recursos econômicos, impediu o surgimento de alternativas que fixassem produtivamente essa crescente massa de desenraizados:

> "Entre estas duas categorias (senhores e escravos) nitidamente definidas e entrosadas na obra da colonização, comprime-se o número, que vai avultando com o tempo, dos desclassificados, dos inúteis e inadaptados; indivíduos de ocupações mais ou menos incertas e aleatórias ou sem ocupação alguma."
> (Prado Jr., 1957: 279-80)

Tal era a situação dos negros libertos, brancos e índios, bem como dos grupos produzidos pela miscigenação dessas três raças, mulatos, cafuzos e mamelucos. Boa parte vivia de rudimentar atividade de subsistência, não tendo, praticamente, nenhum contato com a produção agroexportadora. Outro segmento da população livre era composto de agregados ou moradores que, dentro das fazendas, desempenhavam serviços intermitentes combinados a uma prática de subsistência. Inteiramente dependente da grande propriedade, pois lá o acesso a uma gleba de terra decorria do arbítrio senhorial, sua sobrevivência era marcada por intensa instabilidade.

Além desses, havia mendigos, vagabundos, indivíduos que viviam da mão para a boca, sem local fixo de moradia, que, como os anteriores, não encontravam forma de inserção estável

---

[5] Estimou-se que, em 1798, a população brasileira tinha 2.998.000 habitantes, dos quais 53% eram escravos, 13% negros e mulatos libertos e 34% brancos (Malheiros, 1866).

na rígida e excludente divisão de trabalho da ordem senhorial-
-escravocrata. Como os demais, eram indivíduos de vários matizes e origens sociais, que se enquadravam na ampla gama dos
desclassificados: majoritários segmentos da população livre e
liberta, conhecidos sob a designação de "vadios" (Prado Jr.,
1957: 279 ss.).

Montado o regime de trabalho escravo, este só poderia
gerar a exclusão daqueles que, sendo livres, não conseguiam ser
senhores. Desde os tempos coloniais, o sistema agroexportador
alicerçado na mão de obra cativa obstaculizou uma produção
voltada para o mercado interno. Dessa forma, para crescente
contingente, só restaria o trabalho ocasional, a atividade de
subsistência ou o perambular pelos campos e cidades sem destino certo:

> "[...] formou-se um conjunto de homens livres
> e expropriados que não conhecem os rigores do tra-
> balho forçado e não se proletarizam. Formou-se, an-
> tes, uma 'ralé' que cresceu e vagou ao longo de qua-
> tro séculos: homens a rigor dispensáveis, desvincula-
> dos dos processos essenciais da sociedade. A agricul-
> tura baseada na escravidão simultaneamente abria
> espaço para sua existência e os deixava sem razão de
> ser." (Carvalho Franco, 1969: 12)

Mesmo com o fim do Pacto Colonial, a proclamação da
Independência e a introdução do café, mercadoria de enorme
potencialidade quanto à criação de excedente, a sociedade brasileira do século XIX iria reproduzir o trabalho escravo como
forma essencial de levar adiante o processo produtivo. Formou-
-se, aos poucos, um sistema econômico mais diversificado e dinâmico que, ao contrário do período anterior, internalizava
crescentes parcelas de excedente, mas que continuaria estruturado no binômio senhorial-escravocrata. Nesse quadro, a massa de livres e libertos continuaria à margem dos processos produtivos essenciais à sociedade:

"Juridicamente, a nação estava livre. Novas perspectivas se abriam, mas as estruturas tradicionais persistiam inalteradas. Herdara-se uma economia: o latifúndio exportador e escravista e uma tradição cultural: a mentalidade senhorial. O desenvolvimento da cultura cafeeira veio reforçar esse quadro e tornar mais remotas, nesta primeira fase, as possibilidades de uma evolução para o trabalho livre. Por toda a parte encontrava-se o escravo. [...] No campo e na cidade ele era o principal instrumento de trabalho." (Viotti da Costa, 1976: 137)

Tanto nas regiões antigas de exploração do café, o Vale do Paraíba fluminense e paulista, como nas novas plantações situadas na região Oeste de São Paulo, os livres tiveram, até o advento da grande imigração internacional, coincidente no tempo com a abolição da escravidão, uma participação acessória e ocasional no processo produtivo.[6]

Havia algumas aberturas para a população livre, como as de tropeiro, carreiro ou vendeiro. Quando diretamente vinculados à propriedade escravocrata, alguns poucos exerciam as atividades de vigilância e captura ou algumas funções mais especializadas no processo de organização da produção. Quando se situavam na esfera de domínio da fazenda, permaneciam em total dependência, e, tão logo os interesses dos senhores o exigissem, agregados ou camaradas, posseiros ou sitiantes eram expulsos ou expropriados dos locais onde marginalmente desenvolviam uma cultura de subsistência.[7]

---

[6] Para o Vale do Paraíba paulista: Carvalho Franco (1969). Para a região fluminense do Vale, temos o estudo sobre o município de Vassouras: Stein (1957). Para a região Oeste de São Paulo, ver: Dean (1977).

[7] "Diante da necessidade de expandir seu empreendimento [o grande proprietário] nunca hesitou expulsá-los [agregados e camaradas] de

Em suma, a população livre era extremamente móvel, deslocando-se constantemente e prestando serviços ocasionais à grande propriedade. Enquanto a produção permanecesse centrada no escravo, este vasto e crescente contingente de pobres continuaria alijado do sistema produtivo e — como será analisado nos capítulos seguintes — encarado pelos grandes potentados como vadios e, portanto, imprestáveis para o trabalho disciplinado e regular.

É preciso enfatizar que a violência constituía a tônica dominante nas fazendas. A própria forma de extração do excedente, o trabalho cativo, gerava um sistema autofágico que de-

---

suas terras. Em regra [...] [a expropriação da terra] ocorre sem que os detentores de pequenas parcelas do terreno, donos ou posseiros, pudessem chegar à afirmação de inalienabilidade de seus direitos ou tivessem condições para a defesa deles. Quando donos, em geral não opunham resistência à venda, como é ainda hoje frequente; se posseiros, simplesmente não podiam fazer frente aos direitos legais e ao ataque armado que os expulsavam. Em qualquer caso, solitário e indefeso, o resultado era seu afastamento para áreas ainda não atingidas pela agricultura comercial" (Carvalho Franco, 1969: 103 e 92). Vale insistir quanto à situação do agregado ou morador: "É um despossuído que, com sua família, recebe de favor ínfimo trato de terra a título gratuito mais comumente ou com a obrigação do pagamento de diminuta renda ao proprietário [...] Sua expressão econômica era marginal ou inteiramente nula para os grandes proprietários rurais. [...] Como pequenos cultivadores não escravistas, localizados por favor na periferia dos latifúndios, os agregados se sustentavam de paupérrima economia natural, que mal permitia a formação de ocasionais excedentes comercializáveis" (Gorender, 1978: 293-4). Quanto ao pequeno proprietário: "Esses pequenos cultivadores independentes, cujo número se avolumou nos séculos XVIII e XIX, ocupavam ínfimos tratos de terra em áreas impróprias à plantagem ou precediam seu avanço, sendo depois expulsos dela. [...] Por toda a parte o mesmo quadro: uma produção de subsistência rudimentar, choças sujas, quase sem móveis e utensílios domésticos, seres humanos andrajosos e fisicamente degradados, sujeitos, nos anos de estiagem, à fome no sentido mais literal" (*ibidem*: 298-9). Muitos viajantes descreveram situações e processos semelhantes. Ver, entre outros: Tschudi (1953).

vorava seus trabalhadores.[8] Mas ela não se exprimia apenas nesse ponto estrutural básico da reprodução da economia e da sociedade. Do ângulo que interessa aqui discutir, vale dizer que a violência era também constante no cotidiano da população livre.[9] Destituído de sentido econômico e social, o homem livre praticava a violência como forma de virtude. A bravura, ousadia ou destemor, a violência, enfim, respondia a um código de moralidade que reafirmava os despojados e destituídos enquanto seres que podiam fruir de uma liberdade que não tinha razão de ser: a honra não se transformava em rebeldia, nem a violência se metamorfoseava em revolta. Era, antes, uma violência — ela também, como a liberdade — destituída de razão de ser, expressão de uma forma de orgulho praticada por aqueles que se percebiam como iguais. Mas a igualdade significava submissão ao domínio senhorial e, ela também, como a liberdade e a violência, era desprovida de sentido, pois não servia para a construção de um destino distinto da ordem senhorial--escravocrata.

Nela, isto sim, a violência ganhava plena significação, pois era elemento necessário para a manutenção e expansão da grande propriedade.[10] Residual do ponto de vista produtivo, destituído de significação social num sistema cujo sentido era dado

---

[8] Vale a pena exemplificar com uma situação do século XIX referente à economia cafeeira: "Os escravos em Rio Claro suportavam diariamente um regime de trabalho incessante e condições de vida aviltantes; em algumas fazendas eram submetidos a crueldades ocasionais, noutras, frequentemente" (Dean, 1977: 80). Vale ressaltar que até nas vésperas da abolição "as oportunidades de um escravo morrer eram muito maiores do que as de conseguir alforria" (*ibidem*: 134).

[9] As análises sobre o sentido da violência do homem livre aqui desenvolvidas baseiam-se em: Carvalho Franco (1969), principalmente caps. 1 e 3.

[10] "Os homens livres constituíam a clientela do senhor. Eram capangas, cabos eleitorais e, quando se fazia necessário, eleitores. Secundavam o senhor nas suas lutas políticas. Formavam sua milícia particular" (Viotti da Costa, 1976: 141).

pela economia escravocrata, os senhores utilizaram o homem livre para serviços de defesa, coação ou morte, enfim, para toda espécie de violência, necessária para reproduzir uma forma de dominação cujo arbítrio podia se manifestar de maneira desenfreada. Esse poderio sem limites e a violência nele implícita, cuja sustentação material realizava-se na exploração do trabalho escravo, só poderiam marginalizar ainda mais o homem livre: peça importante na sustentação de um sistema que supunha sua exclusão para as tarefas produtivas, esse crescente volume de indivíduos, no percorrer dos séculos, foi reproduzido como uma massa imprestável para o trabalho, tida e havida pelos potentados como indolente e vadia.

Convém mencionar que o fenômeno da "vadiagem" não foi peculiar aos países de passado colonial, nem específico à sociedade brasileira, sendo também constante nos países europeus durante os séculos XV e XVI.[11] Lá a expropriação camponesa originou vasta massa de desenraizados, enquanto aqui a escravidão, outro ângulo do processo idílico de acumulação primitiva, produziu os livres e marginais. Nesse particular, não é desprezível o fato de que o Brasil tenha sido o último país das Américas a abolir a escravidão e que, nas vésperas da promulgação da Lei Áurea, seria caracterizado como "um país sem povo" (Couty, 1881: 87).[12] País sem povo, porque entre senhores e escravos perdurava enorme massa de pessoas destituídas

---

[11] "Os que foram expulsos de suas terras com a dissolução das vassalagens feudais e com a expropriação intermitente e violenta, esse proletariado sem direitos, não podiam ser absorvidos pela manufatura nascente com a mesma rapidez com que se tornavam disponíveis. [...] Muitos se transformaram em mendigos, ladrões, vagabundos, em parte por inclinação, mas na maioria dos casos por força das circunstâncias. Daí ter surgido em toda a Europa Ocidental, no fim do século XV e no decurso do XVI, uma legislação sanguinária contra a vadiagem. Os ancestrais da classe trabalhadora atual foram punidos inicialmente por se transformarem em vagabundos e indigentes, transformação que lhes era imposta" (Marx, 1980: 851, livro 1, vol. 2).

[12] Ver também: Couty, 1884.

de propriedade e de instrumentos produtivos, desempenhando tarefas acessórias e ocasionais, sobrevivendo em pequenas glebas de terra ou vagando pelos campos e cidades sem função econômica estável e precisa.

No decorrer do século XIX, eventos internos e internacionais dariam novo vigor ao processo de acumulação. De um lado, o café traria novos estímulos à economia, pois, à diferença dos tradicionais produtores de exportação, contaria, por longos períodos, com uma situação favorável no mercado internacional. De outro, o desenvolvimento do capitalismo industrial, operado principalmente na Inglaterra, mostrar-se-ia incompatível com a manutenção do monopólio implícito ao sistema colonial. Foi nesse quadro, propulsionado pelo café após 1830, que a acumulação prosseguiu e, portanto, o próprio avanço do capitalismo no Brasil. Contudo, o peso de seu legado colonial faria com que a produção cafeeira persistisse na utilização do trabalho escravo, repondo um conjunto de condições econômicas e sociais que continuaria a excluir a mão de obra livre dos processos produtivos essenciais à sociedade. Semelhante espectro de situações estaria presente até épocas bem tardias do século XIX e teria consequências marcantes na constituição do mercado de trabalho livre no Brasil.

Consequências históricas da escravidão

2.
A ECONOMIA CAFEEIRA DO SÉCULO XIX:
A DEGRADAÇÃO DO TRABALHO

"Durante este intervalo de quarenta anos (1850 a 1888), as resistências hão de partir não só dos elementos mais abertamente retrógrados, representados pelo escravismo impenitente, mas também das forças que tendem à restauração de um equilíbrio ameaçado. Como esperar transformações profundas de um país onde eram mantidos os fundamentos tradicionais da situação que se pretendia ultrapassar? Enquanto perdurassem intactos e, apesar de tudo, poderosos os padrões econômicos e sociais herdados da era colonial e expressos principalmente na grande lavoura servida pelo braço escravo, as transformações mais ousadas teriam que ser superficiais e artificiais." (Buarque de Holanda, 1976: 98-9)

Uma vez reorganizado o comércio internacional após 1815, as exportações brasileiras reencontrariam suas tradicionais dificuldades. A esse fato se acrescentaria a nova situação política do país, que, como nação independente, deveria negociar com as grandes potências as condições de sua soberania nacional. É nessa situação de fragilidade econômica e instabilidade política que o café entra no cenário produtivo, deslocando setorial e regionalmente o fulcro da economia e criando as bases materiais que levariam adiante o processo de constituição do capitalismo no Brasil.

O centro dinâmico deixa de ser a estagnada economia açucareira do Nordeste e desloca-se para o Centro-Sul com a introdução do café, inicialmente para o Vale do Paraíba e nas décadas finais do século para a região Oeste da Província de São

Paulo. No Vale do Paraíba, começa a expandir-se a partir de 1820, atingindo o apogeu pela metade do século. O predomínio naquela região vai até 1880, quando a produção do Oeste Paulista e a exportação efetuada pelo porto de Santos tornam-se hegemônicas.

Como mencionado, à diferença do açúcar, que, secularmente, sofreu deterioração nos preços e forte concorrência internacional, o café contou com uma situação extremamente favorável durante várias décadas do século XIX, quando aumentaram as exportações e a cotação no mercado mundial.[1] De fato, com o avançar do século, o Brasil afirmar-se-ia como grande exportador: de 20% sobre o total da produção mundial, em 1825, passou a 40% em 1850 e a 57% na última década do século (Simonsen, 1973). Para se ter uma ideia do significado do café para a economia brasileira, basta mencionar que, de 18% do valor das exportações efetuadas pelo país entre 1820 e 1830 (contra 30% proveniente do açúcar), sobe para 49% entre 1851 e 1866 (contra 21% do açúcar), atingindo 65% na última década do século, quando o açúcar representa apenas 6% do valor total exportado.[2] Além disso, mais importante do que o aumento da quantidade exportada foi a alta nos preços internacionais, que, não obstante oscilações anuais, constituiu a tendência predominante até o final do século.

Mesmo comparadas ao esplendor dos ciclos açucareiro e aurífero, as exportações de café assumem dimensão significativa. Contudo, a diferença fundamental em relação aos ciclos econômicos anteriores reside em que as transações internacionais não se realizam mais dentro do rígido fluxo implícito ao Pacto Colonial. É claro que a comercialização das exportações

---

[1] Para uma análise do café, ver, entre outros, o clássico estudo de Taunay (1939).

[2] Pinto (1973: 135 e 139). Entre 1830 e 1840, o valor das exportações provenientes do café foi de 21,5 milhões de libras e em 1850-60 já atingia 47,7 milhões. Conforme Graham (1973: 33). Entre 1870 e 1889 tal cifra sobe para 120 milhões, e para 334 milhões em 1889-1900.

e sua realização em escala mundial continuaria sendo efetuada por capitais estrangeiros, principalmente britânicos, que captavam desse processo volumosa quantidade de excedente.[3] Mas isso não invalida o fato de que, com o desenvolvimento da produção cafeeira, internaliza-se parcela do excedente que, à diferença da situação anterior, tende a se ramificar em torno de uma teia de atividades. A mola da acumulação continuaria centrada na grande lavoura voltada para a exportação de artigos tropicais, mas, na medida em que se caminha pelo século XIX, o sistema cafeeiro forjaria um conjunto de efeitos multiplicadores, entre os quais as ferrovias, a indústria de beneficiamento e sacaria, além de propiciar empreendimentos bancários. Malgrado essas transformações, o trabalho compulsório continuaria sendo a modalidade de exploração dominante nas regiões cafeeiras por largos períodos após 1850.

Convém insistir que a persistência da ordem escravocrata trouxe consequências sociais e econômicas significativas. Representou limites quanto à possibilidade de expansão e diversificação econômica, já que o trabalho escravo, além de pautar-se por volumosa imobilização e esterilização de recursos e baixa produtividade de trabalho, dificilmente poderia ser utilizado em atividades estruturadas em uma cooperação e divisão de tarefas mais complexas e especializadas. Representou também a reprodução de um espectro de práticas que só poderia levar à degradação das relações do trabalho, fenômeno que em muito iria afetar a então majoritária população livre e liberta. Em 1823, esse contingente já somava 70% dos quase 4 milhões de habitantes existentes no país e, em 1872, para uma população de 9 milhões e 500 mil, contavam-se 1 milhão e 500 mil escra-

---

[3] Em 1854, um ministro brasileiro em Londres faria a seguinte afirmação: "O comércio entre os dois países é conduzido pelo capital britânico, em navios [...] ingleses, por companhias inglesas. Os lucros [...] interesses do capital, os pagamentos de seguros, as comissões, e os dividendos dos negócios, tudo vai para o bolso dos ingleses" (Graham, 1962: 201, tradução minha). Ver também: Greenhill (1970).

A economia cafeeira do século XIX

vos (Klein, 1972: 314). Nas províncias cafeeiras esse contingente também era grande. Efetivamente, no Rio de Janeiro, sua proporção atingia, em 1823, 67% dos 450 mil habitantes existentes na região e 62% dos 775 mil em 1872. Isso também vale para a Província de São Paulo: em 1823, 90% dos 280 mil habitantes eram livres e libertos, proporção que englobava 80% sobre 800 mil que lá viviam em 1872.

O confronto dos números expostos revela ter havido acréscimo significativo dos livres e libertos: no período considerado, aumentam de 179 mil no Rio e de 388 mil em São Paulo. Mas, por outro lado, mostra incremento não desprezível do estoque escravo, que passa, no Rio de Janeiro, de 148 mil para 294 mil, e, em São Paulo, de 28 mil para 160 mil. Tais montantes indicam, inicialmente, a atração que as duas regiões exerceram sobre os livres e libertos, cujo acréscimo não pode ser explicado apenas pela alforria de cativos, mas por movimentos migratórios advindos de outras partes do país, já que, na época, a imigração internacional era pouco volumosa. Indicam, também, que em ambas as regiões houve significativa importação de escravos provenientes, num primeiro momento, do tráfico negreiro, e num segundo, quando este é proibido, em 1850, de outras regiões do Brasil, principalmente do Nordeste.

Tais processos nada tinham de novo. O ciclo do ouro já havia provocado grande concentração populacional, advinda tanto da migração interna e do afluxo de reinóis como da alocação da mão de obra escrava. Assim como o ouro tornou-se no século XVIII a atividade econômica mais lucrativa em relação às estagnadas regiões açucareiras, no século seguinte, em face do esgotamento das minas e da crise que continuaria a caracterizar os demais produtos de exportação, o café passa a ser o novo eixo da dinâmica produtiva, e, como consequência, o novo centro de atração dos livres e de alocação de escravos:

> "No Vale do Paraíba foram empregados escravos das antigas fazendas de açúcar e da mineração de Minas Gerais. Para lá também acorreram numerosas

46   Trabalho e vadiagem

famílias mineiras, cujos antepassados haviam sido ligados à mineração e que agora se deslocavam, com sua escravaria, gado e tropas, para as zonas de cultura cafeeira." (Simonsen, 1973: 202)

O sistema produtivo baseado no trabalho escravo nada tinha de imóvel. Ao contrário, o deslocamento setorial e regional da mão de obra era facilitado pela própria compulsoriedade do trabalho, propiciando o surgimento de atividades econômicas assim que surgissem alternativas mais lucrativas. Numa situação histórica em que seria impossível tentar a submissão em massa da população livre, a natureza compulsória do trabalho escravo pode não ter sido a mais lucrativa, mas foi a única solução que viabilizava a presença permanente de numeroso contingente de mão de obra para levar adiante o processo produtivo. Dessa forma, o transplante do escravo de uma atividade para outra, bem como a renovação de estoque de cativos, tornaram possível para os grandes potentados superar o entrave fundamental do processo de acumulação — a criação de uma força de trabalho que fosse passível de ser expropriada e que não tivesse outra alternativa senão a de se transformar em mercadoria para o capital: enquanto os livres e pobres pudessem pelejar pela própria subsistência, a submissão ao trabalho só poderia ser obtida pela compra de mão de obra traduzida na imobilidade do cativeiro.

A introdução e persistência do trabalho escravo na cultura cafeeira resultou da impossibilidade dos grandes fazendeiros em contar com um estoque de indivíduos livres, suficientemente numeroso e permanentemente disponível para ingressar nas fileiras do trabalho disciplinado e regular. É por isso que a transferência e a compra de cativos seguiram a trilha dos investimentos mais lucrativos, nos quais o custo de sua compra e manutenção pudesse ser rapidamente amortizado.[4]

---

[4] "Com o declínio da mineração em Minas Gerais, no final do século XVIII, e o subsequente desenvolvimento da indústria do café, parte

Assim, o sistema produtivo reintroduziu um elemento, o escravo, que, ao mesmo tempo, fornecia as bases materiais de sua expansão e constituía fator que emperrava seu pleno desenvolvimento. Ao repor o trabalho compulsório, a fazenda cafeeira limitaria a maturação das forças produtivas, porque descartava o elemento essencial ao pleno deslanchar do processo de acumulação capitalista: em vez de comprar força de trabalho, continuaria adquirindo trabalhadores.

Contudo, torna-se necessário explicar por que a economia cafeeira continuaria a reproduzir o trabalho compulsório até a véspera da Abolição, em vez de basear o processo de acumulação na exploração de força de trabalho, que, livre de propriedade e de instrumentos produtivos, poderia ser mais lucrativamente transformada em mercadoria para o capital.

É conhecido que o trabalho escravo é menos produtivo do que a mão de obra livre. Em regime de trabalho compulsório é inviável basear a produção em maior e mais complexa divisão de trabalho. Além do mais, a própria organização do trabalho compulsório impede formas cooperativas mais desenvolvidas e supõe custos de vigilância bastante onerosos, pois é preciso supervisionar não só o conjunto dos trabalhadores como também vigiar cada escravo individualmente. Por outro lado, o escravo é comprado por inteiro — e não por jornadas de trabalho —, tornando-se parte constitutiva da propriedade, como se fosse uma máquina que, uma vez desgastada com o uso, precisa ser reposta. Significa, portanto, volumosa imobilização e desperdício de recursos. Imobilização porque seu trabalho deve fornecer um excedente capaz de remunerar positivamente o investimento realizado, no qual tem um peso substancial a amortização do preço de sua compra. Desperdício porque, como a base téc-

---

da população do centro-sul do Brasil, escravos e pessoas livres, mudou-se para as novas regiões do café [...] Durante centenas de anos, os escravos, no Brasil, haviam sido movidos para as regiões do país onde eram mais necessários e onde alcançavam melhores preços" (Conrad, 1975: 64-5).

nica da produção é, por definição, pouco desenvolvida, a exploração só pode ser extensiva. A regra é, por conseguinte, jornadas de trabalho extremamente prolongadas, e, como os gastos de sua subsistência, por mínimos que sejam, fazem parte dos custos produtivos, os meios de vida fornecidos ao cativo tendem a situar-se muito abaixo das necessidades mínimas de sobrevivência: daí o desgaste da capacidade de trabalho e, frequentemente, a morte prematura.

No caso brasileiro, estimou-se que o tempo médio de trabalho do escravo na cultura cafeeira situava-se em torno de quinze anos e que sua produtividade máxima era atingida entre dezoito e trinta anos.[5] Extensas jornadas de trabalho, frequentemente em torno de dezesseis horas diárias, o rebaixamento das necessidades de consumo e a própria organização social de vida a que o escravo estava submetido fizeram com que sua reprodução fosse mínima. Tal situação continuou a imperar no século XIX; mesmo após o término do tráfico negreiro, quando é cortado o manancial que supria sua reposição, as características dilapidadoras da exploração do trabalho e as condições gerais de sua manutenção não se alteram substancialmente.[6] O investimento econômico num sistema que devora seus próprios

---

[5] A informação refere-se ao Vale do Paraíba. Ver: Stein (1957: 153). Ver também: Dean (1977: cap. 3).

[6] Nesse particular, é de interesse comparar a evolução do estoque escravo brasileiro com a dos Estados Unidos. Ambos os países, no início do século XIX, tinham, aproximadamente, 1 milhão de trabalhadores cativos. Nos cinquenta anos subsequentes, o Brasil importa cerca de 1 milhão e 600 mil, contingente três vezes maior que aquele que foi levado para os Estados Unidos. As condições de reprodução em ambos os países assumem sua feição real quando se sabe que, entre 1860 e 1870, a população escrava norte-americana era de 4 milhões, enquanto a brasileira atingia, apenas, cerca de 1 milhão e 500 mil. Se tivesse havido uma reprodução média, deveria haver por volta de 3 milhões de escravos no Brasil. Tais cálculos foram efetuados tendo em conta as características da composição e dinâmica do estoque escravo no Brasil. Ver: Conrad (1975: 37-8).

A economia cafeeira do século XIX

trabalhadores representa enorme perda de recursos. Assim, era constantemente necessário comprar novos escravos a fim de reproduzir as condições materiais que propiciavam a continuidade do processo produtivo. Com a alta no preço dos escravos, o empreendimento só poderia manter as mesmas margens de lucro aumentando o grau de exploração do trabalho.[7]

Como será detalhado a seguir, um conjunto de fatores tornou possível para a economia cafeeira continuar realizando altas taxas de lucro, malgrado os crescentes custos para repor o estoque de cativos. O aumento nos preços internacionais, o advento das ferrovias e das máquinas de beneficiamento e o acesso a terras virgens, mais produtivas, criaram condições para, pelo menos inicialmente, reforçar a ordem escravocrata. Não obstante essas novas condições aumentarem as margens de lucro, permanece ainda a questão referente à não utilização do trabalho assalariado, pois, independentemente de todos estes fatores, o escravo, no final das contas, representava crescente entrave para a dinamização do processo produtivo. Retorno à questão já antes formulada e apenas em parte respondida. Em outras palavras, apesar de o empreendimento continuar lucrativo, por que não houve alteração nas relações de trabalho, se ela teria permitido ao fazendeiro livrar-se de ônus que impedia maior maximização dos excedentes?

Para responder a essa questão, é preciso recordar que a cultura cafeeira confrontava-se, em pleno século XIX, com a contradição herdada desde os tempos coloniais: para abandonar a subsistência autônoma e ingressar no trabalho disciplinado e regular das grandes plantações, seria necessário oferecer aos livres vantagens materiais para que trocassem a alternativa

---

[7] Em Rio Claro, o preço médio do escravo evoluiu da seguinte maneira: 1843-47, 550$000; 1853-57, 1.177$500; 1863-67, 1.817$000; 1873-77, 2.076$862; 1878-82, 1.882$912. Nos anos precedentes a 1888, em decorrência do movimento abolicionista, há acentuada queda no preço do escravo: entre 1883 e 1887, decai para 926$795. Conforme Dean (1977: 66). Ver também: Stein (1957: 228).

de vida marginal e errante, mas livre, pelo trabalho organiza-do.[8] Esses imperativos de ordem econômica, no entanto, explicam apenas em parte a persistência na utilização do trabalho escravo. Outro fator de crucial importância é que a ordem escravocrata contaminou as relações de trabalho desde os primórdios da colonização, produzindo uma situação histórica que atravessou os séculos. De fato, os livres e pobres eram encarados pelos senhores como um segmento que poderia ser tratado de forma assemelhada àquela que caracterizava a condição cativa de existência. A maneira como os senhores tratavam o cativo, passível de ser superexplorado até os limites de sua sobrevivência, influenciava tanto a percepção que os livres tinham acerca do trabalho disciplinado e regular como a percepção que os proprietários faziam da utilização da mão de obra livre. Esta, enquanto o referencial fosse marcado pelo trabalho compulsório, enquanto perdurasse a possibilidade de produzir sua própria subsistência, não teria razões de submeter-se aos rigores de uma organização produtiva alicerçada no cativeiro.

Em última análise, a questão não pode ser reduzida à necessidade de persuadir os livres e libertos a entrar nas fileiras do trabalho organizado por meio de retribuições puramente materiais. Questões mais amplas e profundas também estavam em jogo. O ponto central era que as relações de produção baseadas no trabalho livre só poderiam ter se desenvolvido se

---

[8] "A empresa cafeeira surge [...] como latifúndio [escravista] não somente porque escravos estivessem disponíveis. Surge como latifúndio escravista também e principalmente porque, tendo em vista, novamente, o caráter da demanda externa e o investimento exigido, o trabalho, superexplorado, mostrou-se mais rentável. Estava excluído, mais uma vez, o trabalho assalariado, não porque nestas plagas e naqueles tempos o capital demonstrasse qualquer vocação escravista. Assim o foi porque a taxa de salários dever-se-ia fixar em níveis elevados, pois haveria de compensar aos olhos dos produtores diretos a alternativa de produzirem sua própria subsistência, como posseiros ou pequenos proprietários. E, por isto, o custo de reprodução do escravo era menor que o do trabalhador livre" (Cardoso de Mello, 1982: 57).

ocorressem transformações no modo senhorial-escravista de dominação, cujas raízes culturais e políticas caracterizavam-se pela intolerância, em face da própria condição de liberdade de todos aqueles que não eram escravos nem senhores. Mesmo livres, eles deviam lealdade e obediência aos potentados, e os parâmetros de subalternidade que norteavam essas relações estavam ancorados no espectro do cativeiro.

"É quanto ao trabalho que o sistema de produção colonial deixou as marcas mais profundas. No mundo colonial: [...] a superposição da escravidão ao regime estamental acarretou uma degradação extrema do 'trabalho mecânico' [...]: a noção de trabalho se aplicava às tarefas 'mecânicas', ao labor a mando e para gáudio de outrem e pressupunha, de uma forma ou de outra, a perda de dignidade social e de liberdade. [...] A persistência da escravidão, seja no meio rural, seja no meio urbano, fez com que todo esse complexo colonial do trabalho se perpetuasse em bloco ao longo do século XIX, dificultando a formação, a diferenciação e a expansão de um autêntico mercado de trabalho (ao lado do mercado de escravos) e facilitado a ultraexploração do liberto e do 'homem livre' ou 'semilivre' que vivessem de sua força de trabalho." (Fernandes, 1975: 190-1)[9]

Insisto nesse argumento que transcende as determinações de caráter exclusivamente econômico: os livres, na medida em que o cativeiro fosse o referencial do processo produtivo, só poderiam conceber o trabalhador organizado como a forma

---

[9] Essa constatação pode também ser recolhida por meio do relato de viajantes que estiveram no Brasil em meados do século XIX: "Sempre rodeados de escravos, os brasileiros estão habituados a não ver senão escravos em todos os seres a quem são superiores, seja pela força, seja pela inteligência" (Saint-Hilaire, 1976: 102).

mais degradada de existência. A seu turno, como o parâmetro que os senhores tinham do trabalho era pautado na escravidão, do qual os livres procuravam de todas as maneiras escapar, cristalizar-se-ia a percepção de que eram os menos desejáveis: eram vistos como verdadeiros "vadios", imprestáveis para o trabalho.

Marginalizados desde os tempos coloniais, os livres e libertos tendem a não passar pela "escola do trabalho", sendo frequentemente transformados em itinerantes que vagueiam pelos campos e cidades, vistos pelos senhores como a encarnação de uma corja inútil que prefere a vagabundagem, o vício ou o crime à disciplina do trabalho. O importante nesse processo de rejeição causado pela ordem escravocrata é que qualquer trabalho manual passa a ser considerado como coisa de escravo e, portanto, aviltante e repugnante. Não poderia ser diferente numa ordem em que o elemento vivo que levava adiante as tarefas produtivas era tratado como coisa, desprovido de vontade, que não tinha escolha de onde morar ou quando e quanto deveria trabalhar, e que, brutalizado por toda sorte de violências, o mais das vezes morria em cativeiro.

Esse conjunto interligado de processos só poderia servir de reforço à ordem escravocrata. Antes do advento da grande imigração internacional, quando o cativeiro encontrava-se nos seus estertores, o assim chamado elemento nacional só foi usado acessoriamente na cultura cafeeira e para tarefas bastante precisas, o mais das vezes perigosas, como o desmatamento, nas quais era arriscada a utilização do escravo. Por outro lado, convém recordar que, até antes de 1850, o tráfico africano sempre foi um poderoso empreendimento, pois não só forjava as condições materiais da reprodução econômica por meio da reposição da mão de obra necessária para acionar as engrenagens produtivas como também se tornara atividade que gerava enorme fatia de excedente: era, de fato, peça central na captação de lucros do comércio internacional até meados do século XIX e, por conseguinte, na preservação do trabalho cativo (Bethell, 1976).

A economia cafeeira do século XIX   53

Tais interesses resistiram por várias décadas às crescentes pressões externas, presentes já em 1810, quando era negociado o tratado entre a Inglaterra e a recém-chegada corte portuguesa. De fato, não obstante a abolição do tráfico formal ter ocorrido em 1826 e, cinco anos depois, serem declarados livres os negros que aportassem em terras brasileiras, a importação de africanos só terminaria efetivamente em 1850.

Devido ao caráter ilegal que oficialmente o tráfico assumiu nos últimos 25 anos de sua existência, é difícil precisar o número de escravos que chegaram ao Brasil. Alguns autores apontam que, entre 1801 e 1851, entraram 1 milhão e 350 mil africanos.[10] O tráfico continuou intenso durante o século XIX, inclusive no decênio anterior à sua extinção, quando teriam chegado cerca de 322 mil escravos (Goulart, 1975: 270).[11] No caso da cultura cafeeira, estimou-se que, entre 1821 e 1851, tenham sido utilizados 372 mil escravos, dos quais 250 mil vieram pelo tráfico negreiro.[12] Nos anos subsequentes a 1850, é irrisória a quantidade de cativos trazidos da África, extinguindo-se definitivamente o fluxo por volta de 1853.

Cortada a fonte de reposição externa e tendo em conta as condições dilapidadoras de trabalho imperantes no Brasil, a escravidão estava naturalmente condenada. Contudo, por volta de 1850, ainda havia cerca de 2 milhões de escravos, e, não obstante seu decréscimo, o trabalho compulsório continuaria, ainda por várias décadas, a ser o sustentáculo da economia cafeeira.[13] Isso porque, uma vez extinta a importação de africa-

---

[10] A estimativa é de Goulart (1975: 272).

[11] Tais cifras, segundo Bethell (1976), são subestimadas, porque baseadas em estimativas inglesas. Buarque de Holanda (1976: 44) aponta que entre 1845 e 1850 chegaram 262.989 escravos africanos.

[12] Os cálculos são de Simonsen (1973), tendo em conta a produção cafeeira e a estimativa que cada escravo era capaz de gerar, em média, cem arrobas anuais durante sete anos. Goulart (1975: 273) aponta que para o café, entre 1820 e 1850, foram utilizados de 250 a 300 mil escravos.

[13] Em 1864, haveria cerca de 1 milhão e 715 mil escravos no Bra-

nos, a reposição da mão de obra cativa é encaminhada pela lavoura cafeeira por intermédio da compra de escravos adquiridos, principalmente no Nordeste. O término do tráfico levou à ascensão acentuada do preço do escravo, incentivada, ainda mais, pela crescente demanda de braços necessários à expansão da produção cafeeira. Tendo em conta sua alta lucratividade, as demais atividades econômicas existentes no país não podiam concorrer com os preços que a lavoura cafeeira pagava pelos escravos. No Nordeste e também, de certa forma, no extremo sul do Brasil, as dificuldades por que passavam as economias locais levavam os proprietários a se desfazer de parte de seus estoques:

> "Obrigados a contar unicamente com escravos existentes no território nacional, os escravistas das várias regiões teriam de disputar a mão de obra disponível. A consequência inevitável não foi senão o fluxo de escravos das regiões menos prósperas ou decadentes em direção à região mais próspera, ou seja, a região cafeeira. A lei de população escrava impôs o reajuste interno do sistema escravista brasileiro, de tal maneira que as regiões de economia decadente passaram a fornecer escravos à região de economia florescente." (Gorender, 1978: 325)

É, portanto, no centro mais dinâmico da economia, o café, e não nas regiões estagnadas, que persiste a utilização do trabalho escravo. Não é desprezível o fato de que, em 35 anos, após 1850, as regiões cafeeiras do Rio de Janeiro, Minas Gerais e São Paulo tenham adquirido cerca de 350 mil escravos por meio do tráfico infra e interprovincial (Gorender, 1978: 325). Isso porque são as atividades economicamente hegemônicas que

---

sil; em 1874, o montante seria de 1 milhão e 540 mil; em 1884, de 1 milhão e 240 mil, e em 1887, de 723 mil. As cifras são de Malheiros (1866: 198).

A economia cafeeira do século XIX

podem suportar a alta do preço do cativo. De fato, a lucratividade do café, à diferença dos demais setores econômicos, fez com que sua compra de escravos continuasse a ser uma operação rentável, pois sua amortização poderia ser efetuada em curto prazo se os preços internacionais do café se mantivessem altos. Assim, na medida em que o cativo pode ser submetido pela compra, e que esta, perante as perspectivas de lucro, é compensadora, não haveria razão para os fazendeiros aventurarem-se no processo, até então insólito, de tentar subjugar em massa a mão de obra livre.[14]

Assim, passou a haver grande fluxo de escravos para o Vale do Paraíba, ocorrendo o mesmo fenômeno, anos mais tarde, na região Oeste de São Paulo e em Minas Gerais. Não obstante a dificuldade de avaliar a quantidade de escravos adquirida pela lavoura cafeeira — pois parte era comprada ilegalmente, a fim de escapar dos impostos decorrentes do translado de uma província para a outra —, o tráfico interno de cativos, oficialmente proibido em 1879, foi de fundamental importância para alimentar um estoque que naturalmente decrescia.[15] Dessa for-

---

[14] Já então havia ocorrido a tentativa de utilizar colonos estrangeiros pelo sistema de parceria, que redundaria em estrondoso fracasso. No capítulo seguinte analiso o empreendimento conduzido pelo senador Vergueiro, poderoso cafeicultor paulista que, por volta de 1850, importou imigrantes europeus para trabalharem nas suas plantações.

[15] Entre 1852 e 1862, chegam ao Rio 34.688 escravos, a maioria do Nordeste. Entre 1874 e 1884, o saldo migratório líquido é de 39.294 escravos. Ver: Conrad (1975: 350-1). Tais dados, certamente, são subestimados, pois não incluem os escravos enviados ilegalmente. Ademais, não englobam o contingente transladado dentro da própria Província do Rio de Janeiro, canalizado de outros setores para o café. O saldo migratório positivo em São Paulo entre 1874 e 1884 foi de 41.008 escravos. Minas Gerais, para onde também se desloca a cultura cafeeira, apresenta, no mesmo período, um saldo positivo de 6 mil escravos. As províncias que apresentaram, para a década em questão, maior saldo negativo são: Rio Grande do Sul, 14.302; Ceará, 7.104; Pernambuco, 4.426; Maranhão, 4.157; Bahia, 4.041; e Paraíba, 4.412 (*ibidem*: 351). Galloway

ma, apesar de crescentemente oneroso, pois além da alta no preço do cativo havia, também, pesadas taxas que deveriam ser pagas quando do seu translado de uma província para a outra, o trabalho escravo continuaria sendo um investimento lucrativo e a atividade cafeeira persistiria no trabalho compulsório.[16] A evolução do estoque de escravos, após 1850, é, nesse sentido, reveladora. No conjunto do país, o número de cativos decresce rapidamente: em 1864 era de 1 milhão e 717 mil; dez anos depois, de 1 milhão e 540 mil; em 1884, de 1 milhão e 240 mil; e no ano anterior à Abolição, de 720 mil. Tendo os mesmos anos como referência, o Nordeste apresenta uma tendência à queda ainda mais acentuada, pois de lá saem os fluxos que abastecem o café: de 774 mil no início do período considerado, reduz-se para 436 mil, 301 mil e 172 mil.

A província do Rio de Janeiro, por seu turno, entre 1864 e 1874, consegue manter um contingente em torno de 300 mil escravos, estoque que decai para 258 mil dez anos depois, somando, em 1887, apenas 162 mil. Se, nessa região, o declínio inicia-se após 1874, em São Paulo e em Minas Gerais a evolução do estoque escravo apresenta comportamento diverso: entre 1864 e 1874, em Minas, a população escrava aumenta de 250 mil para 311 mil, e, em São Paulo, de 80 mil para 175 mil. No decênio seguinte, quando em todas as demais províncias o decréscimo de escravos é substancial, nelas a diminuição é pouco expressiva: 10 mil em Minas e 8 mil em São Paulo. A partir

---

(1971: 59) estima que, entre 1850 e 1880, 90 mil escravos tenham sido enviados do Nordeste para as regiões cafeeiras.

[16] Na Bahia, por exemplo, em 1853, cobravam-se 80$000 para cada escravo que saísse da província, cifra que, na década seguinte, sobe para 200$000 (conforme Simonsen, 1973: 208). Dean (1977: 135-7) aponta para o fato de que, em 1878, a Assembleia da Província de São Paulo votou uma lei que impunha uma taxa de 1.000$000 para cada escravo importado. No ano seguinte, essa quantia já era fixada em 2.000$000, e que, a partir de então, o município de Rio Claro deixaria de comprar escravos.

de então, seguem a tendência geral dos anos anteriores à Abolição: em 1887 existem 107 mil escravos em São Paulo e 192 mil em Minas.[17]

A diferente evolução do estoque escravo evidencia a maneira como cada região e setor econômico enfrentou o problema de mão de obra nos 35 anos que antecederam a Abolição. A utilização do cativo entra rápida e prematuramente em declínio na economia nordestina. Nas províncias cafeeiras, o declínio se dá, inicialmente, no Vale do Paraíba — o que não quer dizer que a produção deixou de ser baseada no trabalho compulsório —, e só mais tarde em São Paulo e Minas, cuja dinâmica produtiva permitiu que o escravo se mostrasse rentável até as vésperas da universalização do trabalho livre. De fato,

---

[17] Ver: Conrad (1975: 346). A mesma fonte aponta que a Bahia, onde havia 300 mil escravos em 1864, passou a ter 77 mil em 1887. Nesses mesmos anos, em Pernambuco, onde também havia grande número de escravos, o estoque decresce de 260 mil para 41 mil. Conferindo índice 100 para a população escrava em 1864, em 1887 ele é de 42 para o conjunto do Brasil, 26 na Bahia, 17 em Pernambuco, 54 para o Rio, 77 em Minas, subindo para 134 em São Paulo. Mencione-se que, entre 1874 e 1884, os escravos masculinos só aumentam em São Paulo, diminuindo, inclusive, nas demais regiões cafeeiras. "O tráfico de escravos interprovincial apressou a transformação, nas províncias do norte, para um sistema de trabalho livre, mas, nas regiões do café, retardou esse desenvolvimento. O uso de trabalhadores livres no norte foi o resultado inevitável de uma rápida queda no volume da população escrava, acompanhada por um aumento impressionante do número de habitantes livres. Em algumas províncias do norte, na realidade, a proporção de escravos para homens livres baixou tão incisivamente nas décadas que se seguiram a meados do século que os escravos passaram a ser um elemento quase insignificante na população total" (*ibidem*: 77-8). "Quando contrastamos os aproximadamente 170.000 escravos das províncias nordestinas que eram trabalhadores agrícolas com as 3.750.000 pessoas registradas como residentes nessas mesmas províncias, a pequena importância da escravatura para a agricultura da maioria do Nordeste torna-se aparente. Por outro lado, os 521.879 trabalhadores agrícolas nas províncias do café (excluindo o Município Neutro) eram um fator mais formidável quando comparados com 2.839.519 pessoas livres da mesma província" (*ibidem*: 82).

quando se analisa a evolução do estoque escravo no interior dessas províncias, verifica-se que nos municípios cafeicultores do Rio de Janeiro, entre 1874 e 1883, houve um acréscimo de cerca de 7 mil escravos, enquanto as áreas não cafeicultoras perdiam quase 40 mil cativos. Em Minas, entre 1873 a 1882, os municípios produtores de café foram acrescidos de quase 10 mil escravos, enquanto os não produtores perderam mais de 50 mil. Já em São Paulo, nesse mesmo período, as áreas de cultivo de café recebiam quase 16 mil cativos (Gorender, 1978: 327-8).

Se todas as províncias cafeeiras insistem no trabalho cativo, é, contudo, nas áreas mais dinâmicas, que podem pagar altos preços pelo escravo, que o fenômeno mais se evidencia.

Em outros termos, nas áreas pioneiras, onde os cafezais são mais produtivos, ocorre maior acréscimo relativo do número de cativos. A evolução do número de escravos nas diversas áreas cafeeiras da província de São Paulo é, nesse sentido, significativa: na região do Vale do Paraíba — área estagnada e em crise após 1850 (Areias, Bananal, Lorena, Pindamonhangaba etc.) —, de 37% do total de escravos existentes na Província em 1836, passa para 27% em 1886. Fenômeno semelhante ocorre no Oeste Velho (Campinas, Jundiaí, Piracicaba etc.), que, no mesmo período, tem seu estoque diminuído de 36% para 25% sobre o total da população cativa existente na Província. Por outro lado, a Mogiana (Mogi Mirim, Pinhal, Casa Branca etc.) e a Baixada Paulista (Rio Claro, Araras, Araraquara, Limeira etc.) — ambas regiões então pioneiras — têm seu contingente escravo substancial aumentado: naquela região, de 2.737, em 1836, sobe para 21.503 às vésperas da Abolição, e nesta, de 1.000 cativos passa a ter 17 mil em 1886 (Camargo, 1952: 66-9).

Como já assinalado, os ganhos de produtividade, em regime de trabalho escravo, dificilmente poderiam ser obtidos no âmbito das relações de produção tomadas *stricto senso*, isto é, no nível da unidade produtora, a fazenda de café. Dependiam, obviamente, da qualidade das terras e da idade dos cafezais, mas também decorriam das atividades conectadas à pro-

A economia cafeeira do século XIX

dução cafeeira, ou seja, o sistema de transportes e as máquinas de beneficiamento.

Quanto ao primeiro aspecto, a qualidade do solo, os ganhos em produtividade implicavam constantes deslocamentos para áreas virgens. Nesse sentido, mencione-se que o café tem características bastante específicas no que se refere às condições de solo e clima, fato que limita substancialmente o espaço físico onde pode ser plantado. Como a produção deveria ser realizada em grandes quantidades e as técnicas de cultivo eram extensivas, o plantio deslocava-se constantemente para áreas virgens, posto que um cafezal dificilmente apresentaria alta produtividade por período superior a quinze ou vinte anos. Dessa forma, numa mesma região havia tanto áreas em que o café, dada a idade das árvores e as condições de esgotamento do solo, apresentava baixa produtividade, como áreas onde estava no seu auge produtivo. Isso significava que a continuidade da produção cafeeira implicava sempre novos plantios, já que as zonas antigas ao entrarem em declínio eram abandonadas.[18]

As características predatórias que levavam ao esgotamento do solo e dos cafezais, bem como o limite físico para expandir a produção em novas áreas, são fatores que explicam o auge e o declínio do café no Vale do Paraíba, ocorrido num período de sessenta anos, e seu deslocamento para o Oeste Paulista. Contudo, além desses fatores, a grande diferença entre as duas regiões reside no fato de o Vale do Paraíba ter sua expansão e apogeu enquanto a ordem escravocrata era sólida, ao passo que o café no Oeste Paulista se desenvolve quando a utilização do escravo encontra crescentes empecilhos, e o trabalho do imigrante passa a ser cada vez mais utilizado, fundamentalmente após 1886.[19]

---

[18] Além da obra de Taunay (1939), ver também: Milliet (1941).

[19] A produção do Oeste Paulista, no início de 1870, representava apenas 16% do total produzido no Brasil. Em 1875, era de 25%, e em 1885, de 40%. Em 1872, existiam cerca de 10 mil imigrantes na Provín-

As condições da cultura cafeeira no município de Vassouras ilustram com exatidão a forma autofágica do sistema produtivo escravocrata imperante no Vale do Paraíba:

> "[...] o círculo vicioso referente à destruição de florestas virgens para plantar café, pagar débitos para conseguir créditos com a finalidade de comprar escravos para destruir mais florestas e plantar mais café, liquidou a economia de Vassouras" (Stein, 1957: 301)

Sistema autofágico, pois novos escravos a preços crescentemente elevados eram adquiridos para levar adiante uma forma de plantio predatória que, em vista da rarefação do solo virgem e da exaustão dos cafezais maduros, cada vez mais encontrava limites físicos para se expandir.[20]

A atrofia de semelhante sistema produtivo só poderia levar a crescente endividamento das fazendas do Vale do Paraíba. Por outro lado, a partir de 1870, a produção dinamiza-se no Oeste Paulista, onde a abundância de terras propícias ao plantio de café e a introdução do sistema ferroviário e de um conjunto de máquinas e equipamentos iriam criar condições extremamente rentáveis para a lavoura cafeeira.

O primeiro trecho ferroviário, com pouco mais de catorze quilômetros, é inaugurado em 1854, na cidade do Rio de Janeiro, expandindo-se a partir de então para as regiões cafeeiras

---

cia. Em 1880, a população estrangeira era de 22 mil, em 1887, de 86 mil. Ver *Boletim da Diretoria de Terras, Colonização e Imigração* (1937: 19).

[20] Entre 1840 e 1885, o preço do solo virgem no município de Vassouras aumenta em 800%, enquanto o das terras usadas apenas triplica (Stein, 1957: 223). Quanto às técnicas de plantio: "Na medida em que nenhum esforço é realizado para melhorar o solo [...] a terra rapidamente se exaure [...]. O solo é cultivado com métodos e instrumentos que datam de trezentos anos" (tradução minha) (Furquim de Almeida, em Stanley Stein, 1957: 226).

A economia cafeeira do século XIX

da Província. Na década seguinte, mais precisamente em 1866, a cidade de São Paulo é ligada ao porto de Santos, e, no ano seguinte, os trilhos chegam até Jundiaí, no interior paulista.[21] A introdução da ferrovia traria novo dinamismo à produção cafeeira. Mesmo nas regiões decadentes do Vale do Paraíba, a baixa nos fretes dos transportes serviu para compensar, pelo menos em parte, os onerosos custos imperantes.

"A importância das estradas de ferro para a economia cafeeira pode ser ilustrada por um cálculo da A. d'E. Taunay: considerando que o preço do transporte pelo trem era seis vezes inferior ao das tropas de mulas, ele estima a economia realizada somente pelas Estradas de Ferro Pedro II, entre 1860 e 1868, em 48.677 contos. Somente para o ano de 1868 essa economia é estimada em 9.393 contos, ou seja, mais de 10% do valor total das exportações brasileiras de café nessa época."[22]

Além da baixa no custo dos fretes, que chegam rapidamente ao seu destino com um mínimo de perda, a ferrovia liberou os escravos que eram alocados no transporte realizado com animais, que representavam cerca de 20% da força de trabalho empregada nas fazendas. A cultura cafeeira ganha, portanto, em dois sentidos: de um lado, pela baixa nos custos de transporte; de outro, porque pode canalizar diretamente para

---

[21] Ver: Matos (1974).

[22] Silva (1976: 57). No caso das ferrovias paulistas estima-se que os gastos de transporte, antes do advento do sistema ferroviário, até 1867, eram de 33% do preço de exportação entre Jundiaí e Santos; de 40%, por volta de 1863, entre Campinas e Santos; 50%, em 1857, entre Rio Claro e Santos: "Com a ferrovia (paulista), os custos de transporte do café caíram sensivelmente, situando-se em torno de 20% do preço da saca de café exportado" (Cano, 1977: 34).

a colheita e o tratamento do café os cativos que antes realizavam o seu transporte em direção aos portos.

Contudo, a introdução da ferrovia teve efeitos multiplicadores diversos no Vale do Paraíba e no Oeste de São Paulo. É que naquela região a introdução da ferrovia se dá num momento em que há pouca disponibilidade de terras virgens. Funcionou enquanto redutora de custos e liberadora de mão de obra, mas não enquanto "apropriadora" de novas terras.[23] Ao contrário, as estradas de ferro paulistas que rumam para oeste permitem a interiorização da produção por meio da ocupação de áreas virgens, viabilizando economicamente o surgimento de novas plantações. Quando a ferrovia se ramifica pelo interior da Província, o café pode se expandir para zonas pioneiras, alastrando o cultivo para vastas áreas extremamente férteis, até então de difícil acesso: a cidade de Campinas é atingida em 1872; Itu, um ano depois; Amparo, em 1875; Rio Claro, no ano seguinte; e Ribeirão Preto, em 1883.

No Oeste Paulista introduziram-se também, a partir de 1870, novas técnicas de plantio que aumentaram ainda mais a diferença de rentabilidade entre as zonas novas e antigas. Naquelas, passou-se a empregar mais frequentemente o arado e, onde a topografia era favorável, a máquina carpideira, que, utilizando apenas um homem e um animal, apresentava maior rentabilidade do que o trabalho de seis escravos. Finalmente, mas não sem menor importância, foi a introdução das máquinas de beneficiamento (despolpadoras, descascadoras, separadoras, classificadoras etc.), que não só aprimorariam a qualidade do café, refletindo-se nos preços obtidos, como também constituiriam fator adicional de poupança de mão de obra. As inovações tecnológicas levaram à maior lucratividade no culti-

---

[23] "[...] A expansão ferroviária nesta região, em sua maior parte, ocorreu depois que as plantações de café já estavam maturadas [...] não exercendo assim o papel pioneiro de 'criadora de terras' [...] e só trazendo economias externas e oportunidades de imersão, numa situação retardada no tempo" (Cano, 1977: 29-30).

vo do café. Combinadas com a existência de terras virgens, de grande fertilidade e boa topografia, possibilitaram o incremento da produtividade física — que no Oeste Paulista era cinco vezes maior em relação às regiões do Vale do Paraíba — e grande expansão da produção: entre 1876 e 1883, foram plantados 105 milhões de árvores, passando a produção de 1 milhão e 200 mil sacas, em 1880, para 2 milhões e 600 mil em 1888.[24] Esses fatores, ao aumentar a pujança da atividade cafeeira e melhorar os níveis de produtividade, permitiriam a realização de crescente volume de excedente. A essa situação devem-se acrescentar as sucessivas altas na cotação internacional do café, fator fundamental de rentabilidade interna do produto.

O essencial a ressaltar, por ora, é que tais processos, pelo menos num primeiro instante, revigorariam as grandes propriedades escravocratas, pois, ao terem aumentadas suas margens de lucro, puderam suportar o crescente ônus que representava a utilização do trabalho compulsório. Ao absorver esses novos elementos dinamizadores, que produzem novas terras férteis, liberam mão de obra, diminuem os custos da produção e melhoram a qualidade do produto, a fazenda escravista pôde se expandir — no caso das novas lavouras — ou, pelo menos, manter-se precariamente — no caso das lavouras antigas — sem transformar o cerne de suas relações de produção.[25]

Pelo menos nos cafezais paulistas, não obstante as crescentes dificuldades de reposição do trabalho compulsório, sua

---

[24] A partir de 1880, quando são introduzidas máquinas de beneficiamento mais sofisticadas, estimou-se que o uso da nova tecnologia representou uma melhoria de 33% nos preços do café. As informações mencionadas foram retiradas de Cano (1977: 33 ss.).

[25] "Não é fácil entender que a estrada de ferro, muito especialmente, e a grande indústria de beneficiamento reforçam a economia mercantil-escravocrata ao poupar trabalho escravo, reduzir os custos de transporte e melhorar a qualidade do café. Reforçam, em suma, ao remover os obstáculos que entravam seu desenvolvimento, incrementando tanto a rentabilidade corrente quanto as perspectivas de lucro de investimentos.

compra é ainda vantajosa. Não é, portanto, necessário que os fazendeiros procurem subjugar o elemento nacional enquanto as perspectivas de retorno dos investimentos indicassem margem satisfatória de excedente. É bem verdade que o preço de um cativo, em São Paulo, nas vésperas da Abolição, equivalia a 4 mil dias de um tarefeiro braçal. Mas vale novamente ressaltar que sua permanência nas fazendas era algo sempre temerário, e que, por volta de 1880, o trabalho de um escravo por um período de um ano poderia amortizar o preço de sua compra. A previsibilidade de lucro, calculada a partir de uma lógica simples — que consistia em contrapor o preço de aquisição e manutenção do escravo à produção que poderia realizar, multiplicado pelo valor da saca de café —, reforçaria o trabalho compulsório. Malgrado o risco de morte prematura, fuga ou emancipação — fenômenos já presentes no cenário brasileiro da época —, em face do rápido retorno do investimento feito na compra do escravo e a dificuldade de submeter a mão de obra livre à disciplina das fazendas, o trabalho compulsório continuaria sendo não só a forma mais rentável como, de fato, a única viável para o empreendimento cafeeiro:

> "O trabalho escravo encerra os mais graves defeitos, porém não foi adotado como alternativa para o trabalho livre: foi adotado simplesmente por não haver alternativa. E, obviamente, também por ser viável do ponto de vista econômico [...]. Considerando a inexistência de grande massa de homens livres já educados para o trabalho braçal regular em troca de salário, o escravo oferecia a vantagem da garantia de continuidade." (Gorender, 1978: 212-3)

Permitia-se desta forma que a acumulação pudesse ter curso, apoiada, ainda, no trabalho escravo, quanto mais se tinha em vista que, a partir de 1869, os preços internacionais começam a subir" (Cardoso de Mello, 1982: 81-2).

A economia cafeeira do século XIX

Tal situação se transformaria com a aceleração da imigração internacional. Antes desse processo iniciar-se, no entanto, a mão de obra livre — repita-se quantas vezes necessário for — não se mostrava "previsível" para um sistema que necessitava da permanência de grande contingente de trabalhadores para dar continuidade às tarefas produtivas que, realizadas por escravos, ainda se mostravam bastante lucrativas às vésperas da Abolição nas regiões dinâmicas do Oeste Paulista. O fazendeiro paulista não só tinha hegemonia do poder político como participava de vários empreendimentos econômicos. Esteve presente no sistema bancário, nas ferrovias e em outras múltiplas atividades urbanas.[26] É ele também que organiza e implementa a importação de braços necessários para a lavoura cafeeira. Mas, enquanto o escravo se mostrasse lucrativo, tendeu a não utilizar mão de obra livre. Assim, permanece antiabolicionista até as vésperas de 1888, quando um conjunto de processos políticos e econômicos tornou insustentável o prolongamento do regime de trabalho escravo. Tal fenômeno não decorreu apenas nas decadentes regiões do Vale do Paraíba. Ao contrário, onde a rentabilidade do café era maior mais se insistiu na reposição do estoque de cativos. Revelador, nesse sentido, é que foi exatamente no Oeste Novo da província de São Paulo, onde a população escrava mais cresceu, aumentando em 235% entre 1854 e 1886, incremento muito superior ao verificado nas regiões do Vale do Paraíba e mesmo em relação ao chamado Oeste Velho, que o cultivo do café era mais antigo.[27]

---

[26] "Antes de existir como empresário industrial, o capitalista brasileiro já existia, como comerciante, como plantador, como financista e como tal, capitalista, criava as condições para o regime da produção industrial" (Cardoso, 1969: 188-9).

[27] "É totalmente errônea, portanto, a afirmação de que a escravidão deixara de ser rentável para fazendeiros do Oeste Paulista, de que ali escravo e lucro estivessem em contradição. Bem ao contrário, precisamen-

Daí para a frente passa a substituir escravos por imigrantes, utilizando de forma secundária e acessória a mão de obra nacional.

"Até mesmo na região Centro-Sul, contudo, os fazendeiros que haviam duvidado de sua capacidade para atraírem trabalhadores livres, brasileiros ou estrangeiros, começaram descobrindo em 1887 e 1888, com o colapso da escravatura, que havia toda espécie de trabalhadores disponíveis para os fazendeiros dispostos a lhes pagar, embora em São Paulo, pelo menos, *os trabalhadores brasileiros continuassem sendo considerados a classe menos desejável de trabalhadores*. Contudo, até serem realmente necessários para o sistema de fazendas, os brasileiros livres pobres apenas representaram um papel marginal na economia dominante, com os plantadores de café continuando a duvidar de que eles pudessem proporcionar um substituto satisfatório para os escravos até as vésperas da abolição."[28]

---

te nesta região é que o braço servil continuava a propiciar maior rentabilidade" (Gorender, 1978: 561).

[28] Conrad (1975: 54, grifo meu). A situação acessória da mão de obra nacional é um ponto comum nos autores que estudaram a questão. Para reforçar esse ponto de caráter fundamental na formação do mercado de mão de obra livre em São Paulo, é conveniente citar outro autor que vasculhou múltiplas fontes concernentes à população livre e liberta que, mesmo às vésperas da Abolição, tendia a não ser utilizada na fazenda de café: "Caboclos e agregados [...] passaram a ser recrutados (após 1870) como jornaleiros para obras agrícolas [...] na derrubada de matas e preparação de obras destinadas à formação de novos cafezais. No que concerne, entretanto, ao trato regular e contínuo dos cafezais, persistem os fazendeiros apegados ao trabalho escravo, pois este lhes dava longas jornadas sob um regime de rotina disciplinadas. Em quase todas as fazendas — observou Couty por volta de 1883 — a cultura do café permane-

O assim chamado elemento nacional — branco, negro, mulato, cafuzo ou mameluco —, livre ou liberto, é o menos desejado pela lavoura cafeeira. No Nordeste, o trabalhador livre, após 1850, passou paulatinamente a ser incorporado, na medida em que, com a migração interna de cativos, o regime escravo começou a perder sua preponderância na economia açucareira. Nas regiões cafeeiras, especialmente em São Paulo, ele só passou a ser incorporado nas fileiras do trabalho no momento da Abolição, e, mesmo assim, de maneira subsidiária: entre ele e o ex-escravo iriam se interpor as sucessivas levas de imigrantes, principalmente canalizadas para as zonas dinâmicas do Oeste Novo, enquanto os nacionais foram utilizados nas regiões estagnadas, para onde o trabalhador estrangeiro não foi.

Vou repisar a questão. Marginalizado desde os tempos coloniais, o homem livre e liberto tende a não passar pela "escola do trabalho", sendo frequentemente transformado num itinerante que vagueia pelos campos e cidades, visto pelos senhores como a encarnação de uma corja inútil que prefere o ócio, a vagabundagem, o vício ou mesmo o crime à disciplina do trabalho nas fazendas:

---

cia entregue a escravos" (Gorender, 1978: 567-8). Outro pesquisador que também aprofundou o tema diz: "Ao caboclo eram atribuídas certas tarefas mais perigosas e árduas como as derrubadas, por exemplo, ou algumas para as quais os escravos não mereciam confiança: carreiro, feitor etc." (Viotti da Costa, 1966: 128). Vale a pena insistir: "Efetivamente, nos casos em que o braço nacional livre se empregou em fazendas novas, ainda sem nenhum investimento servil, era considerado como mão de obra provisória para a acumulação inicial, substituído depois de certo tempo pelo escravo. É nesse contexto de rejeição de categorias 'trabalho livre' e de uma tentativa de assimilá-lo ao trabalho escravo, que passa a ser solicitado o concurso supletivo do elemento nacional, livre ou liberto, convidado a deixar sua cultura de subsistência (nos interstícios da grande lavoura), cujo trabalho era conjugado com o serviço de estradas [...]" (Beiguelman, 1978: 99).

"Na atualidade — enfatizam os potentados da cafeicultura em 1880 — os nacionais auxiliam a lavoura em escala diminuta. Com efeito, a indolência prepondera tanto nos hábitos dos colonos nacionais, e por tal motivo são eles tão refratários ao trabalho sistematizado, que um número muito limitado presta-se à locação regular de seus serviços em bens de exploração agrícola."[29]

Na medida em que as relações de produção fossem marcadas pelos rigores e horrores imperantes no regime de trabalho escravo, nada mais natural que a população livre encarasse o trabalho como alternativa mais degradada da existência. Os livres transformaram-se em ralé, antes de se submeterem às modalidades de exploração, cujo paradigma estavam alicerçado nos grilhões e chibatas das senzalas. Antes a sobrevivência autônoma, numa espécie de economia natural de subsistência, do que a sujeição a regras de obediência e disciplina, nas quais pre-

---

[29] Clube da Lavoura, Campinas, *Relatório de 1880*. São inúmeras as declarações dos potentados da época em relação à vadiagem dos livres e pobres. "Os trabalhadores nacionais — diz um deputado da Assembleia Legislativa de São Paulo nas vésperas da Abolição [...] limitam-se à caça e à pesca [...] recusam o serviço de camarada, não querem prestar-se ao serviço da lavoura" (citado por Cardoso, 1962: 209). Também esta é a opinião de vários viajantes que por aqui estiveram. Por exemplo: "O caipira — diz Zaluar, retratando a Província de São Paulo por volta de 1860 — se não anda nas suas aventurosas excursões encontrá-lo-eis, sentado à porta do lar, fumando seu cigarro de fumo mineiro, e olhando o seu cavalo, que rumina, tão preguiçoso como ele, a grama da estrada. Esta gente, mais guerreira do que agricultora, não trabalha, lida; e a sua atividade não produz, consome-se" (Zaluar, 1975: 73). E mais adiante: "Aqui existe muita caça de diferentes espécies, e é este um motivo que mais tem concorrido para os hábitos nômades de uma grande parte dos moradores destes contornos, que acham inútil procurar outros meios de subsistência, tendo este tanto à mão" (*ibidem*: 107). "A preguiça generalizada dos brasileiros, a sua ignorância, que não é menor, principalmente em certas regiões da Província de São Paulo [...]" (Saint-Hilaire, 1976: 63).

A economia cafeeira do século XIX

valece um arbítrio, que está contaminado pelo uso e abuso inerente ao cativeiro: "Trabalhar na fazenda, na situação de camarada, era o mesmo que aceitar sua redução à condição de escravo" (Viotti da Costa, 1966: 128).[30] A fim de ilustrar o nível de degradação do trabalho, valho--me de um relato de Saint-Hilaire. Ele não conseguia contratar os serviços de um marceneiro para confeccionar-lhe umas canastras. Isso porque, mesmo após estar há três anos no Brasil, não havia aprendido "como deveria agir" para conseguir tais tipos de serviço, disse-lhe o governador da província de São Paulo. Para tanto, mandou que seu ajudante de campo se postasse na casa do artesão: "Se não trabalhares" — lembrava-lhe constantemente —, "irás para a cadeia". Repugnado por semelhante despotismo, indaga-se, contudo, o viajante francês acerca da necessidade de certa energia para combater "a preguiça [que] se tornou um vício generalizado" (Saint-Hilaire, 1976: 147). Era a forma de obter o serviço, posto que o artesão só trabalha quando precisa e não quando os outros necessitam de seus serviços.

Já frisei que o trabalho, para quem não fosse senhor, não levava a parte alguma, e o esforço de realizá-lo, ao invés de dignificar quem o executasse, tendia, ao contrário, a aproximá-lo das regras de domínio e submissão imperantes na condição cativa de existência. É por isso que os curtos e, às vezes, forçados momentos de labuta eram espaçados por prolongados períodos de inatividade.

Quem não era forçado a trabalhar o fazia quando estritamente necessário. No contexto social em que o homem livre e pobre não acumula bens, esse necessário reduz-se a um mínimo material e cultural baseado, o mais das vezes, numa economia natural de subsistência: vive-se da mão para a boca por meio

---

[30] Convém insistir em como os escravos eram tratados às vésperas da Abolição: "[A escravidão] é a posse, o domínio, sequestro de um homem — corpo, inteligência, forças, movimentos, atividades — e só acaba com a morte" (Nabuco, 1938: 20).

de uma atividade ocasional que não tem razão de ser, além de permitir uma sobrevivência incipiente e instável, estigmatizada pela desclassificação social:

> "Quando um artesão ganhava algumas patacas (330 réis) ele descansava até que elas acabassem. Eles mal possuíam ferramentas necessárias ao seu trabalho e quase nunca dispunham de material. Assim era necessário fornecer couro ao sapateiro, pano ao alfaiate, a madeira ao marceneiro. [...] Se alguém precisava encomendar qualquer coisa a um artesão, tinha que fazê-lo com grande antecipação. Suponhamos, por exemplo, que se tratasse de um trabalho de marcenaria. Antes de tudo era necessário recorrer aos amigos para se conseguir, na mata, a madeira para a obra. Em seguida, era preciso ir centenas de vezes à casa do marceneiro, pressionando-o e ameaçando-o. E no final, muitas vezes não se conseguia nada." (Saint-Hilaire, 1976: 146)

Importa apontar que o desestímulo para o trabalho disciplinado e regular obstaculizava o desenvolvimento de ofícios e profissões, embotando as habilidades inerentes às atividades artesanais, de onde, tradicionalmente na sua versão clássica, emerge a indústria moderna. Inexistência de mercados mais amplos, rudimentar divisão de trabalho e, sobretudo, degradação do trabalho fizeram com que, historicamente, o artesanato sempre tivesse significado econômico diminuto, jamais se estruturando de molde a propiciar formas produtivas mais avançadas. A débil produção artesanal sempre funcionou num circuito restrito e fechado, pois tanto a confecção de bens como a prestação de serviços configuravam-se como atividades socialmente desprestigiadas e economicamente sem futuro: não geravam excedente, nem se ramificavam por circuitos mais amplos, sendo exercidas de forma ocasional e suplementar a um também incipiente cultivo de subsistência.

Nessa situação em que todas as atividades se baseiam no trabalho compulsório, em que agregados ou camaradas são frequentemente tratados como escravos e pequenos proprietários ou posseiros são sumariamente expropriados ou expulsos, restam poucas alternativas para o crescente contingente de livres e libertos, que, historicamente, iria se avolumando às margens de uma sociedade altamente dicotomizada e excludente. A escravidão, na medida em que gera, em grau extremo, a degradação do trabalho, desestimula o aparecimento de habilidades e perícias e compromete qualquer forma de atividade manufatureira, tornando-se entrave para o desenvolvimento da produção artesanal. As profissões não se desenvolvem, os conhecimentos não se transmitem, a destreza deixa de ser estimulada, pois o trabalho manual é tarefa de escravo, aviltante e repugnante para o homem livre:

"[...] era tão fácil comprarem-se ferraduras a um boticário como vomitórios a um ferreiro. [...] E ainda mais raros seriam os casos em que um mesmo ofício perdurava na mesma família por mais de uma geração, como acontecia normalmente em terras onde a estratificação social alcançara maior grau de estabilidade. Era esse um dos sérios empecilhos à constituição, entre nós, não só de um verdadeiro artesanato, mas ainda de oficiais suficientemente habilitados para trabalhos que requerem vocação decidida e longo tirocínio." (Buarque de Holanda, 1976: 28)[31]

Exploração de tipo compulsório, de um lado, e massa marginalizada, de outro, constituem amplo processo decorren-

---

[31] Nos estertores da escravidão, assim afirmava Joaquim Nabuco (1938: 160-1): "A escravidão não consente, em parte alguma, classes operárias propriamente ditas, nem é compatível com o regimento do salário e a dignidade pessoal do artífice. [...] Escravidão e indústria são termos que se excluíram sempre como escravidão e colonização".

te do empreendimento colonial-escravocrata, que iria se reproduzir até épocas tardias do século XIX. Sistema duplamente excludente, pois a um só tempo cria a senzala e gera um crescente número de livres e libertos, que se transforma nos desclassificados da sociedade.[32]

[32] É interessante comparar a proporção de livres e libertos sobre a população escrava em alguns países do Hemisfério, que utilizaram o trabalho compulsório. A Jamaica, em 1800, para uma população de 340 mil habitantes, possuía 88% de escravos e 12% de livres e libertos. Em Barbados, que em 1833 tinha uma população de 100 mil, apresentava a proporção de 81% e 19%. No Sul dos Estados Unidos, tais proporções em 1820 e 1860 eram de, respectivamente, 34% de escravos e 66% de livres e libertos, e 32% e 68% quarenta anos depois. No Brasil, por volta de 1818, para um contingente populacional de 3 milhões e 818 mil havia 51% de escravos e já 49% de livres e libertos; em 1874, quando a população total é de 9 milhões e 761 mil, a proporção passa para 16% de escravos e 84% de livres e libertos. Nesse ano, mesmo na província de São Paulo, onde se concentrava o trabalho compulsório, a proporção é de 20% de escravos para 80% de livres e libertos. Parece bastante claro o contraste da situação brasileira em relação a outros países do Hemisfério, no que diz respeito à parcela de população livre e liberta sobre a de cativos, o que indica o significado de vasta quantidade de mão de obra, historicamente marginalizada e desclassificada pelo excludente sistema produtivo brasileiro baseado no trabalho compulsório.

A economia cafeeira do século XIX

3.
OS PERCURSOS DA ABOLIÇÃO

> "Um velho proprietário, cujo timbre de nobreza desde
> a juventude foi 'sova e tronco', não pode tolerar o tra-
> balho livre, pode no máximo inventar 'um estropiado
> sistema de parceria'." (Viotti da Costa, 1966, citando
> Robert Avé-Lallemant, *Viagem pelo Sul do Brasil*)

Já assinalei, no capitulo anterior, que, como a escravidão estava materialmente condenada após 1850, e politicamente sob crescente pressão a partir de 1880, tornava-se imperioso para o empreendimento cafeeiro encontrar uma fórmula que substituísse o trabalho cativo, sem que fosse necessário apoiar-se na desacreditada mão de obra nacional. Quando a abolição se configura irreversível, o fazendeiro passa a importar braços estrangeiros. Para levar adiante a produção e manter a lucratividade do empreendimento, fazia-se urgente forjar abundante força de trabalho que se submetesse à disciplina do trabalho nas fazendas. Por que, então, tentar subjugar o contingente livre e liberto, se era mais viável importar trabalhadores que já chegariam material e culturalmente expropriados, isto é, destituídos de recursos, instrumentos produtivos, sem acesso à terra e almejando "fazer a América"?

A opção arquitetada pelo grande fazendeiro do café foi a importação em massa da mão de obra, que, empobrecida na Europa, não tinha outra alternativa senão a de vender, a preços aviltantes, sua força de trabalho.

Antes de analisar a grande imigração internacional, que será objeto do quarto capítulo, é importante apontar o signifi-

Os percursos da Abolição

75

cado das primeiras tentativas de usar colonos estrangeiros nas fazendas de café, ocorridas por volta de 1850, assim como descrever os principais processos que levaram à abolição da escravidão, ressaltando, nesse particular, a questão do acesso à propriedade da terra. O primeiro passo dessa análise consiste em discutir a assim chamada "parceria de endividamento".

Nesse sentido, é de grande interesse a experiência realizada pelo senador Vergueiro, poderoso fazendeiro da região Oeste de São Paulo, que já em 1846 importara 364 famílias provenientes da Suíça e da Alemanha. Com o fito de dinamizar o translado de braços, é formada a Vergueiro & Cia., que contrata com o governo de São Paulo, em 1852, a vinda de 1.500 colonos. Posteriormente, ainda com o governo da Província, era realizada outra operação para trazer 1.000 colonos por ano. Para tanto, receberia o senador a quantia de 20 contos anuais, restituíveis após três anos, sem juros, e uma subvenção de 1500$000 para cada lote de mil colonos que, anualmente, deveria aportar em Santos: a firma Vergueiro & Cia. passa, assim, a ser uma agenciadora de mão de obra estrangeira para as grandes plantações.[1]

Tais projetos tinham como pressuposto fixar a mão de obra na propriedade cafeeira, que financiava o empreendimento por meio do adiantamento da passagem e do custeio inicial. Para o fazendeiro, portanto, o lucro do investimento pressupunha a imobilização dos colonos. Isso porque, havendo terras disponíveis e como os homens que chegavam eram livres, era imperioso que não usassem sua liberdade para procurar, fora da fazenda que arcara com os custos de sua importação, outra alternativa de trabalho. Para maximizar o investimento realizado, o fazendeiro — também senhor de escravos, pois cativos coexistiam com os colonos importados — deveria fazê-los trabalhar o máximo e, sobretudo, por período o mais prolongado

---

[1] Viotti da Costa (1977: 157-8). Ver também: Dean (1977), principalmente cap. 4, "Uma experiência com o trabalho livre".

possível. Daí a necessidade de imobilizá-los na fazenda, se necessário pela violência legal ou não. Daí também a necessidade de fazer com que o trabalho que realizassem fosse suficiente para saldar o círculo de endividamento em que se encontrava envolvido.[2] Semelhante forma de explorar trabalhadores livres, do ponto de vista jurídico, deveria apoiar-se num aparato legal que coagisse os colonos a cumprir os contratos de trabalho. Antes de mencionar os expedientes utilizados pelos fazendeiros para atar os colonos às fazendas, convém indicar a lei votada em setembro de 1830, logo após o tráfico africano ter sido legalmente proibido, bem como a que foi aprovada em outubro de 1837, quando se intensificaram as pressões inglesas sobre a importação de escravos: ambas especificavam severas sanções penais, como prisão com trabalhos forçados,[3] julgadas em processo sumário para aqueles que não cumprissem os contratos.

Pelo conteúdo de tais contratos de locação de trabalho, tornava-se fácil compreender por que o elemento nacional aparecia aos olhos do grande proprietário como inapto para o tra-

---

[2] Ver: Gorender (1978: 566-7).

[3] "Os empregados (de acordo com a lei de 1830) que não cumprissem seus contratos estavam sujeitos à prisão ou até a trabalhos forçados até que suas dívidas fossem pagas [...]. Sete anos mais tarde (1837) uma segunda lei de locação de serviços foi aprovada. Esta lei [...] dava uma vantagem decisiva aos usuários da mão de obra. [...] As pessoas contratadas que não cumpriam com suas obrigações podiam ser condenadas a trabalhos forçados. Os trabalhadores que abandonavam seus patrões sem justa causa antes de terminarem seus contratos podiam ser detidos e ficar presos até pagarem a seus patrões o dobro da quantia de suas dívidas ou até terem trabalhado duas vezes a duração de seus contratos. As pessoas que ajudavam os colonos a fugir também estavam sujeitas à prisão ou ao pagamento de duas vezes as dívidas dos fugitivos. Os trabalhadores que terminavam seus contratos recebiam certidões de liberação e a falta de um tal documento seria a prova legal da violação de contrato de um homem contratado" (Conrad, 1975: 51).

Os percursos da Abolição

balho nas fazendas. Não é difícil entender também por que os fazendeiros procuraram encontrar a solução para o problema da mão de obra por intermédio do colono europeu. Este, desconhecendo as condições de trabalho que iria enfrentar, fechado no grande latifúndio, onde a lei é a vontade do senhor, poderia ser submetido às formas de violência das quais o braço nacional procurava de todas as formas escapar: "Será exagero" — pergunta Davatz, um dos colonos que vivenciaram a experiência do sistema de parceria — "dizer-se que os colonos se acham sujeitos a uma nova espécie de escravidão?". "Pobres coitados" — continua ele referindo-se aos colonos — "miseravelmente espoliados [...] perfeitos escravos, nem mais nem menos" (Davatz, 1972: 88 e 124).

A meta era superexplorar o trabalhador para que os recursos antecipados pelo pagamento das passagens rendam o máximo. Mas, para tanto, torna-se também necessário espoliá-lo para que, endividado, não possa se desligar da propriedade que o importara. O princípio desse processo de criação de riquezas reside em impedir, utilizando-se do aparato coercitivo que o suporta, que o colono salde suas dívidas e possa, com isso, comprar sua liberdade.

O contrato de trabalho estipulado pelo senador paulista, que serviu de modelo a inúmeros outros fazendeiros que ingressaram no sistema de parceria, era basicamente o seguinte: de um lado, o proprietário avançava a quantia necessária ao transporte, bem como financiava os gastos inerentes à chegada, instalação e primeiros tempos do colono e sua família. De outro, cada família deveria plantar e cuidar de determinado número de cafezais. Utilizaria certa quantidade de terra para sua subsistência, mas os lucros advindos do café e de outras plantações deveriam ser divididos com os proprietários. Ademais, os colonos eram obrigados a pagar com juros os empréstimos realizados, não podiam deixar a fazenda enquanto perdurasse a dívida e, uma vez saldada esta, era necessário avisar com um ano de antecedência se quisessem deixá-la, sendo que qualquer contravenção seria julgada pelas instâncias legais.

Semelhante sistema de trabalho ficou conhecido como parceria de endividamento.[4] Fórmula excelente para impedir o acesso à propriedade, ainda mais quando se tem em conta que, nos anos 1840, o preço da terra aumentou substancialmente e que, a partir de 1850, a venda de áreas devolutas tornou-se a única forma de alienar as glebas do Estado. Tais processos só poderiam levar à maior concentração de propriedades, forçando aqueles que não possuíssem recursos, quando não permanecessem na economia de subsistência, a vender sua força de trabalho, aceitar formas de parceria ou outra modalidade de contrato, o mais das vezes altamente espoliativas.

Nos cafezais do Vale do Paraíba, a partir de 1850, utilizou-se também mão de obra estrangeira. Lá o colono tendia a permanecer na situação de parceria ou de assalariado, raramente ingressando na fileira dos pequenos proprietários, e, enquanto tal, jamais conseguindo condições vantajosas de trabalho (Stein, 1957: 59 ss.).

Na realidade, a utilização da mão de obra estrangeira fora equacionada para levar o trabalhador ao endividamento. Obstando ou postergando sua saída da fazenda, o potentado rural procurava impedir que conseguisse poupança suficiente

---

[4] "Quando a família era composta de marido, mulher e vários filhos pequenos a situação se agravava. As dívidas se acumulavam e passavam-se anos sem que o colono conseguisse libertar-se delas. A situação piorava quando a administração da fazenda, desejosa de auferir o máximo do colono, cobrava preços demasiadamente altos pelos gêneros que este necessitava, oprimindo-o economicamente, reduzindo-o a uma situação de semiescravidão [...]. Via de regra, o interesse do fazendeiro estava exatamente em atribuir ao colono — com quem deveria dividir a produção — cafezais de baixa produção, reservando para os escravos a melhor parte dos cafezais [...]. A maior parte das vezes via-se este, também, cerceado na sua iniciativa de cultivar gêneros de primeira necessidade, pois julgava-se que não só isso resultaria num desvio de mão de obra destinada aos cafezais para outras atividades, como poderia possibilitar ao colono uma rápida emancipação, contrária, muitas vezes, aos interesses do fazendeiro: pagas as dívidas, o colono abandonava as fazendas" (Viotti da Costa, 1977: 169).

Os percursos da Abolição

para saldar compromissos do seu contrato de trabalho. O sobretrabalho era retirado não só da divisão dos excedentes. Estava baseado também na repartição desigual da quantidade produzida por meio do escamoteamento de pesos e medidas, na cobrança de juros, taxas e comissões muitas vezes inexistentes, no preço dos alimentos que os colonos compravam nas vendas da fazenda, enfim, num conjunto de processos que dificultava, quando não impossibilitava, saldar os compromissos a que eram submetidos.

Enquanto a margem de lucros dependesse da imobilização do trabalhador na fazenda, o processo só poderia ser extremamente espoliativo, pois exatamente disso dependia sua continuidade enquanto produtor de excedentes para a propriedade cafeeira. O sistema legal e o domínio senhorial reforçavam com a violência necessária a relação que se implantara. Obviamente, a exploração e a violência tinham limites que se expressavam na fuga ou revolta de colonos ou na pressão de governos estrangeiros, que procuravam intervir em favor de seus súditos, quando a situação se mostrasse intolerável.[5] Não obstante isso, prevalecia um sistema que, na prática, nada mais era do que um regime de escravidão disfarçada.[6]

---

[5] Por exemplo, a revolta dos colonos da fazenda Ibicaba, em 1857, de propriedade do senador Vergueiro. Decorrente disso é também a proibição por parte do governo alemão, que impediu a imigração subsidiada para o Brasil, só revogada em 1896: "Ainda em 1873, o visconde de Indaiatuba tentou em vão fazer vir certo número de famílias de Holstein para sua célebre colônia de Sete Quedas, mas foram inúteis os esforços neste sentido, tais os empecilhos opostos pelo governo alemão" (Buarque de Holanda, 1972: xliii).

[6] É assim que se referirá Hermann Haupt ao sistema de parceria, quando descreveu as formas de trabalho imperantes na lavoura cafeeira perante a Sociedade Internacional de Imigração de Berlim, em 1867. "O contrato de parceria, disse Haupt, reduziu os imigrantes a uma condição quase equivalente à dos escravos. O dinheiro adiantado pelo fazendeiro ao colono, impossível de amortizar, era equivalente ao preço de compra de um cativo. Ao invés de comprar um escravo, o fazendeiro canalizava

A importância de tal regime de trabalho não reside no fato de ter sido a modalidade produtiva dominante da época. Ao contrário, ainda nos anos 1880 imperava o regime escravo. A importância está no fato de configurar um momento no processo de submissão da mão de obra livre, na qual inexistem ainda relações capitalistas de exploração que supõem tanto uma massa de trabalhadores que pode ser subjugada como uma reserva que, ao mesmo tempo, rebaixa o salário do contingente ativo e permanece disponível às necessidades de expansão do capital. A partir de 1857, quando da ocasião da revolta dos colonos na fazenda Ibicaba, o sistema de parceria tendeu a desaparecer, pois temiam os proprietários que tal evento se repetisse, introduzindo elementos de agitação no seio da própria ordem escravocrata.[7] Desde então, nos parcos montantes em que o braço livre é utilizado surge um sistema misto, no qual o proprietário também retribui aos colonos em dinheiro pelos cafezais que têm a seu encargo. Contudo, tais alternativas não significaram que as condições de trabalho tenham sido diferentes das verificadas no sistema de parceria. Continuaram a perdurar níveis salariais excessivamente baixos e condições de extração

---

recursos a fim de trazer os colonos da Europa: [...] Algumas vezes toda a família tornava-se responsável pelas dívidas contraídas pelo pai: em tais circunstâncias o filho permanecia atado às fazendas enquanto seu pai fosse devedor. O filho, disse Haupt, fica hipotecado de antemão. Não unicamente um indivíduo, mas a família inteira permanece condenada de uma geração para outra. Se um fazendeiro não quer investir na importação da Europa de trabalhadores de que necessita, achará colonos nas plantações vizinhas que estão acorrentados por suas dívidas; estes ele pode libertar, a fim de empregá-los para seu próprio serviço, reembolsando seu senhor pelo que devem; os colonos, tendo mudado de credor, mudarão também de senhor" (Denis, 1911: 185-6, tradução minha).

[7] "A trinta anos de distância, o espectro da rebelião (1857) continuava a aterrorizar os senhores de Ibicaba" (Buarque de Holanda, 1972: xl).

de excedente extremamente espoliativas, processos, aliás, que persistiram mesmo após a universalização do trabalho livre.

A importação de braços estrangeiros para trabalhar nas fazendas de café só ocorreria muitos anos após o colapso do sistema de parceria. Entre 1872 e 1881, entraram no Brasil cerca de 218 mil imigrantes, sendo as principais nacionalidades representadas por alemães (37%), portugueses (32%) ou italianos (28%). A maior parte não se dirigiu para a província de São Paulo: os portugueses imigraram voluntariamente, concentrando-se no Rio de Janeiro, e, no mais das vezes, dedicavam-se ao comércio ou aos serviços. Os alemães e demais europeus setentrionais foram canalizados para os núcleos de colonização situados no Sul do país, que redundaram, na maior parte das vezes, em fragoroso fracasso.[8]

O malogro da parceria de endividamento, acrescido do temor provocado pela assim chamada revolta de Ibicaba, afastou o intento dos fazendeiros de importar colonos para o café, tendência que, a seu turno, foi reforçada pela condenação do regime de trabalho escravo por parte de alguns governos europeus.

Contudo, em decorrência da alta nos preços internacionais, novos cafezais são plantados.[9] Como já mencionado, a conquista de novas áreas para o plantio do café, viabilizada pela ramificação e interiorização do sistema ferroviário, colocava constantemente a necessidade de maior número de braços, num momento em que o trabalhador nacional existente na região não só era difícil de ser mobilizado como também contra ele despencava a pecha de vadiagem.

Restaria a hipótese de transferir trabalhadores de outra área do país, principalmente do Nordeste, onde a pressão sobre

---

[8] Ver: Balan (1974: 119 ss.).

[9] Nos quatro anos anteriores a 1874, quando se verifica o pico da alta nos preços de café, a produção é de quase 4 milhões de sacas. Nos quatro anos seguintes, quando os novos pés entraram em produção, passa a ser de 5 milhões e 500 mil sacas.

as terras e as secas haviam criado um excedente populacional passível de ser transformado em mão de obra barata. Mas tal possibilidade mostrava-se, na época, inviável por causa dos altos custos de transportes entre as duas regiões e, sobretudo, devido à dificuldade de arregimentá-la: havia ferrenha oposição por parte das oligarquias locais em relação a uma migração mais volumosa rumo ao sul, pois tal transferência representaria não só perda do poder político, como também traria problemas para abastecer os seringais do Norte.[10] De fato, ponderável contingente humano, principalmente da área sertaneja, duramente assolada pelas secas das décadas de 1870 e 1880, foi transferido para a Amazônia em decorrência do *boom* da borracha. Entre 1872 e 1890, o Nordeste apresenta um saldo migratório negativo de cerca de 350 mil pessoas. Nos últimos 25 anos do século XIX, além de migrarem para Minas e para a Bahia, onde o surto de cacau passou a atrair mão de obra, os nordestinos canalizam-se, principalmente, para os seringais da Amazônia, que recebem cerca de 250 mil pessoas.[11]

A ponderável migração interna da mão de obra nacional, ocorrida entre os últimos decênios do século XIX e os primeiros do século XX, não seria primordialmente canalizada para

---

[10] "Prevalecia no país uma atitude extremamente hostil a toda transferência interna de mão de obra, o que não é difícil de explicar, tendo em vista o poder político dos grupos cujos interesses resultariam prejudicados" (Furtado, 1959: 147).

[11] "A mobilização dos trabalhadores nacionais (pelo café), dispersos nas faixas de economia de subsistência, não pôde realizar-se [...]. Os documentos da época não chegam a registrar o fato, tão reduzido deve ter sido esse movimento de trabalhadores. A única região em que havia um estoque significativo de trabalhadores em condições de ser aproveitado no sul era a nordeste. Todavia, essa população foi atraída pela expansão crescente da exploração da borracha na Amazônia. Paralelamente ao desenvolvimento da demanda de mão de obra na zona do café, cresceu também a demanda na região da borracha. Em consequência a cafeicultura não teve condições para suprir-se no mercado interno" (Ianni, 1976a: 307).

Os percursos da Abolição

a província de São Paulo. Nela ocorreu um saldo migratório positivo de 46 mil habitantes entre 1872 e 1890; foi aproximadamente de 70 mil na década seguinte, quando a imigração internacional já contribuía com cerca de 400 mil pessoas. Por outro lado, entre 1900 e 1920, enquanto ela deixava um saldo líquido de 374 mil estrangeiros, as correntes internas mostravam-se deficitárias em 20 mil pessoas. Houve migrantes nacionais que vieram para São Paulo, mas, no período que cobre os anos que antecederam a Abolição até as duas primeiras décadas do século XX, os fluxos internos tiveram significação diminuta, quando comparados com as levas de estrangeiros que aportaram após 1888.[12]

A derrocada do sistema escravocrata impunha uma solução que só poderia basear-se na utilização do trabalhador livre. Diante de tal imperativo, antes de mobilizar os nacionais — tidos e havidos como inaptos para o trabalho disciplinado e coletivo nas fazendas —, os potentados do café optaram pela importação de estrangeiros. Nesse sentido, deve ser ressaltado que a crise econômica na qual a Itália mergulhou a partir de 1870 mostrar-se-ia ocasião altamente oportuna para trazer mão de obra abundante e barata, com a vantagem de que aportaria previamente expropriada e poderia, por conseguinte, ser automática e compensadoramente submetida ao processo produtivo: daí o problema da mão de obra ter sido encaminhado por intermédio da imigração subvencionada, arquitetada enquanto forma de promover uma ampla "colonização" para o capital. Assim, nos estertores da escravidão, ainda não seria necessário que a propriedade cafeeira tentasse submeter em massa os na-

---

[12] Ver: D. H. Graham e Sérgio Buarque de Holanda Filho (1971: 103). Há vários trabalhos a respeito do montante das migrações internas antes de 1920. Foge do âmbito deste ensaio tratar da questão da migração interna, pois ela será de fundamental importância para o processo de acumulação de São Paulo só após 1920. Até então é a mão de obra estrangeira que se encontra no cerne da questão. Para uma análise da migração interna, ver: Anibal Villela e Wilson Suzigan (1975), principalmente "Apêndice B: Aspectos Demográficos", pp. 260-70.

cionais, quer os existentes na região, quer aqueles que, não sem dificuldades adicionais, poderiam ser arregimentados em outras áreas do país. O trabalhador estrangeiro, mais fácil e lucrativamente, poderia ser transformado, por meio da imigração subsidiada, em mercadoria para o capital.

A partir de 1880, ficava cada vez mais patente que o trabalho compulsório não poderia perdurar. À medida que tal fato se acirrava no percorrer da década, tornava-se urgente encontrar uma fórmula que substituísse compensadoramente o escravo no processo produtivo. Para a grande propriedade, a Abolição significava a necessidade de gerar braços que vendessem sua força de trabalho, de modo a viabilizar a captação de crescente quantidade de excedente. Dessa forma, a liberdade que o escravo adquiria deveria ser compensada pela produção de uma massa de trabalhadores, destituída de propriedade e de instrumentos produtivos, que se submetesse à dinâmica do empreendimento cafeeiro em franca expansão.

Convém repetir que foi o centro dinâmico do sistema econômico que mais insistiu no trabalho escravo nas décadas que se seguiram a 1850, bem como relembrar que um rol de eventos, principalmente as ferrovias e as inovações ligadas ao cultivo e beneficiamento do café, num primeiro momento, serviu de reforço à ordem escravocrata. Contudo, mesmo se o trabalho cativo continuasse lucrativo, na medida em que o processo econômico no seu conjunto se desenvolve, surge a contradição entre escravidão e uma acumulação que se realiza em escala crescentemente ampliada:

"O essencial é que se estimulou a acumulação, e a acumulação repõe, a cada instante, o 'problema da falta de braços' que assume, a cada momento, maior gravidade. É preciso, portanto, afastar dois equívocos, próprios aos que se cingem ao raciocínio estático. Pouco importa que a taxa de lucro das unidades em operação fosse alta e que o trabalho escravo se tivesse por mais rentável, pelos empresários, que o trabalho assalariado. Relevante, insistimos, é o fato de que, prosseguindo, a acumulação haveria de ser cada vez mais entravada. Em outras palavras, *não é preciso que o escravismo se desintegre, porque não oferece nenhuma rentabilidade às empresas existentes; para ser colocado em xeque basta que obste a acumulação.*" (Cardoso de Mello, 1982: 82-3)

As contradições entre escravismo e mercantilização da economia advêm, portanto, da necessidade de desenvolver as forças produtivas enquanto um processo oriundo da expansão do capital tomado no seu conjunto, e não apenas da atividade cafeeira tomada *stricto sensu*. Em outras palavras, a acumulação do capital, não obstante apoiada na cafeicultura, ultrapassava em muito a fazenda, e, mesmo que nela o escravo continue alternativa lucrativa, os caminhos que levam à utilização do trabalho livre situam-se no âmbito de processos econômicos que, impulsionados pelo "complexo cafeeiro", estão longe de reduzir-se às plantações.[13]

A reprodução do capital em escala crescentemente ampliada, que paulatinamente iria incluir uma gama variada de atividades tanto rurais como urbanas, ao necessitar de braços iria colocar a necessidade do trabalho livre, não só porque os escravos escasseavam, mas, sobretudo, pela necessidade de se desvencilhar da imobilização e esterilização de recursos inerente à aquisição e manutenção do trabalhador cativo. Tal processo, a seu turno, não poderia deixar de se introjetar na cultura cafeeira, principalmente nas áreas novas, em que investimentos de vulto eram necessários até o momento da realização das primeiras colheitas.

Por outro lado, não sem menor importância para a superação do regime de trabalho escravo é a contradição que se instaura na relação entre a economia agroexportadora com os centros capitalistas, já então em plena fase fabril. Isto porque,

---

[13] Ver: Silva (1976: 59 ss.).

de um lado, importam-se produtos fabricados a partir de uma composição orgânica de capital em que a parte constante aumenta crescentemente e, de outro, exportam-se artigos tropicais, principalmente café, cujos custos incluem o escravo enquanto componente do processo produtivo. Semelhante contradição, que se instaura no nível da circulação internacional, foi, sem dúvida, elemento adicional, que, conjugado aos entraves internos à expansão do capital, levaria à superação do escravismo.[14]

Em suma, basicamente, após 1880, processos tanto internos como internacionais fariam com que a potencialidade do regime de trabalho escravo se mostrasse demasiadamente estreita para realizar uma acumulação que, cada vez mais, necessitava de um mercado de trabalho volumoso e fluido. Contudo, além dos processos puramente econômicos, é preciso sublinhar os fatores políticos como causa primordial da Abolição: os movimentos de sublevação, liderados por Antônio Bento, que, paulatinamente, abalaram a ordem escravocrata até sua derrocada final.

No processo de transição para o trabalho livre, existe uma condição prévia e fundamental que se refere ao acesso à terra. Enquanto a produção fosse efetuada por escravos, a terra era praticamente destituída de valor, pois sua propriedade só teria significado econômico se seu detentor também possuísse um estoque de cativos. Contudo, a partir do momento que a escravidão começou a apresentar os primeiros sintomas de crise, com o término do tráfico africano, tornou-se necessário impedir que os homens livres tivessem acesso à propriedade da terra.

Na Europa, durante vários séculos, procedeu-se a intensa expropriação camponesa, que se constituiu numa das alavancas da acumulação originária do capital. No Brasil, onde a forma dominante de exploração alicerçou-se no trabalho cativo, em que a população livre vivia de uma economia natural de subsistência, não houve necessidade de expropriá-la, já que a

---

[14] Ver: Oliveira (1975: 403 ss.).

ordem escravocrata, para aqueles que não possuíam um estoque de cativos, impossibilitava a produção de excedentes. Claro que posseiros e pequenos proprietários eram expulsos assim que a dinâmica da grande propriedade o exigisse. Mas o processo fundamental consistiu em restringir o acesso a áreas devolutas, por meio de uma lei que tornava a compra a única forma de alienar as terras públicas, e em uma política que deliberadamente aumentou o preço de sua venda. Com esta finalidade foi promulgada a lei de 1850, pela qual "ficavam proibidas as aquisições de terras devolutas por outro título que não seja o de compra".[15] Já em 1842, o Conselho de Estado discutia o problema pela primeira vez:

> "Como profusão em datas de terras tem, mais que outras causas, contribuído para a dificuldade que hoje se sente de obter trabalhadores livres, é seu parecer que de ora em diante sejam as terras vendidas sem exceção alguma. Aumentando-se, assim, o valor das terras e dificultando-se consequentemente a sua aquisição, é de esperar que o imigrado pobre alugue o seu trabalho e efetivamente por algum tempo, antes de obter meios de se fazer proprietário." (Lima, 1954: 82)[16]

Não foi ocasional que a Lei de Terras tenha coincidido com o término do tráfico negreiro, época em que os fazendeiros utilizaram, pela primeira vez de forma mais abrangente, mão de obra estrangeira pelo sistema de parceria. Ela indica de maneira cristalina o intento de obstaculizar o acesso à propriedade da terra, forçando o trabalhador livre a permanecer nas fazendas:

---

[15] Conforme Lei nº 601, de 18 de setembro de 1850.

[16] Citado por Ianni (1976b: 7). Ver também: Guimarães (1964).

"Num regime de terras livres, o trabalho tinha que ser cativo; num regime de trabalho livre, a terra tinha que ser cativa. No Brasil, a renda territorial capitalizada não é essencialmente uma transfigurada herança feudal. Ela é engendrada no bojo da crise do trabalho escravo, como meio para garantir a sujeição do trabalho ao capital como substituto da acumulação primitiva na produção da força de trabalho." (Martins, 1979: 32)

Entre 1884 e 1887, entraram no Brasil 146 mil imigrantes, dos quais 53 mil vieram para São Paulo; entre 1888 e 1890 aportaram 304 mil, pouco mais da metade em São Paulo. Dessa data até 1920, o Estado recebe 1 milhão e 590 mil estrangeiros, ao passo que para outras áreas do país dirigiram-se pouco mais de 1 milhão de imigrantes (Villela e Suzigan, 1975: 253). Estava montado um amplo processo que visava a importar força de trabalho abundante e barata para a grande propriedade, famílias pobres que não pudessem adquirir terras ou abrir pequenos negócios: "Imigrantes com dinheiro" — diria Martinho Prado na Assembleia Legislativa de São Paulo, às vésperas da Abolição — "não são úteis para nós".[17]

---

[17] Discurso proferido em 17 de janeiro de 1888, citado por Hall (1969: 102, tradução minha).

4.
A IMIGRAÇÃO EM MASSA:
PRODUÇÃO DE HOMENS LIVRES
ENQUANTO MERCADORIA PARA O CAPITAL

"Ficou logo evidente, entretanto, que as drásticas penas da lei de alocação do trabalho (1879) mostraram-se de utilidade limitada para os proprietários. Antônio Prado observou que enquanto muitos fazendeiros desta Província haviam recorrido ao aprisionamento dos seus colonos com a finalidade de forçá-los a cumprir seus contratos, ele não tinha notícias de alguém que tivesse obtido resultados satisfatórios utilizando essa medida extrema. Imigrantes na prisão não estavam restituindo os montantes desembolsados pelos proprietários nem colhendo seus cafés... Entretanto, Prado ainda observou que a utilização da lei logo tornar-se-ia desnecessária, pelo menos em São Paulo, pois a Assembleia da Província aprovara uma medida em 1884, provendo passagens gratuitas para imigrantes que seriam canalizados para a agricultura." (Hall, 1969: 116-7)[1]

A abundância da mão de obra é um dos fatores responsáveis pelo preço que os proprietários pagam pela compra da força de trabalho. É claro que fatores como a organização sindical e política, bem como a própria composição orgânica do capital, também interferem nos níveis salariais da classe trabalhadora. Mas o fato de haver abundância de braços, desde que material e culturalmente expropriados, cria condições para deteriorar os salários. Cria, ademais, condições para desarticular a resistên-

---

[1] Baseado nos *Anais da Câmara*, IV, 1884: 117. Esta e demais citações do trabalho de Michael Hall foram por mim traduzidas.

cia da mão de obra, pois acirra a concorrência intertrabalhadora. Para aqueles que arquitetaram o grande fluxo imigratório, era mais que evidente estar a oferta da mão de obra diretamente relacionada com o preço pelo qual seria obrigada a se vender. Já em 1884, pode-se perceber pelos discursos proferidos na Câmara dos Deputados o sentido que a importação de trabalhadores teve para a grande propriedade: "É impossível obter salários baixos, sem violência, se existirem poucos trabalhadores e muitos que queiram empregá-los"; ou ainda: "É evidente que necessitamos trabalhadores [...] de modo a incrementar a competição entre eles e, desta maneira, os salários serão rebaixados em decorrência da lei da oferta e procura" (Hall, 1969: 117).[2] Vários são também os depoimentos acerca da "docilidade" do imigrante, que, na opinião dos fazendeiros, "[...] davam no seu conjunto a maior satisfação, pois contentam-se com pouco" (*ibidem*: 89).[3]

A superexploração da força de trabalho esteve exemplarmente presente no processo de constituição do mercado de trabalho livre no Brasil. Contudo, como já foi apontado, pelo menos num primeiro instante, esse processo não se operou sob a forma clássica de destruição de um campesinato e artesanato prévios. Ao contrário, a produção de uma massa abundante e disponível de trabalhadores, sobretudo no caso paulista, centrou-se nos fluxos migratórios injetados do exterior. Outra possibilidade de superexplorar os trabalhadores seria imobilizá-los nas fazendas por meio da coação extraeconômica, à guisa do que tinha sido realizado com a experiência do senador Vergueiro. Esse foi, sem dúvida, o espírito da lei de locação de trabalho de 1879. Como as de 1830 e 1837, já assinaladas, ela previa um contrato de trabalho de cinco anos e o aprisionamento do colono que deixasse de cumprir suas cláusulas, fundamentalmente o reembolso da passagem ao fazendeiro que o importara

---

[2] Baseado nos *Anais da Câmara*, IV, 1884: 117.

[3] Baseado em Laerne, 1885: 88 e 139.

e a impossibilidade de procurar outro emprego sem a posse de um certificado emitido pelo seu antigo patrão, em que constasse a situação de suas dívidas.[4] Efetivamente, ainda após 1880, muitos imigrantes assinavam contratos de trabalho pelos quais eram obrigados a restituir aos fazendeiros o preço do translado. Semelhante ao que acontecera décadas antes na "parceria de endividamento", novamente agora o fazendeiro, ao imobilizar recursos com o adiantamento da passagem, superexplorava a mão de obra importada por meio da espoliação implícita ao processo da fixação coercitiva nas fazendas.

O primeiro passo para tornar mais fluido o mercado de trabalho é dado em 1881, quando o governo de São Paulo passa a pagar metade dos custos de transporte, devendo o restante ser saldado pelo imigrante ao fazendeiro que o importa. Tal financiamento representou o início da ruptura do círculo de violência inerente ao processo de imobilização do trabalhador; mas foi uma iniciativa apenas inicial, pois em 1884 ainda metade dos imigrantes encontrava-se numa situação de "[...] escravos brancos sem qualquer possibilidade de escapar desta condição a não ser através da fuga" (Hall, 1969: 90).[5]

Nesse ano, o governo começou a reembolsar integralmente os gastos que os fazendeiros realizavam com o pagamento das passagens, e, em 1885, passou a subsidiar diretamente o custo de transporte dos imigrantes: em 1881, o governo da Província despende apenas 45.848$476 com transporte de imigrantes, cifra que, dois anos depois, é de 374.287$670 e, em 1886,

---

[4] "Em 1879, nas vésperas da luta abolicionista, uma terceira lei de locação de serviços foi promulgada para proporcionar um sistema de meeiros ao abrigo de contratos de longa duração. Segundo esta lei, os trabalhadores que não cumprissem com suas obrigações estavam sujeitos à prisão e eram obrigados a regressar a seu trabalho depois de suas sentenças serem cumpridas" (Conrad, 1975: 51-2).

[5] Baseado em Enrico Perrod, "Emigrazione e colonizzazione nella provincia brasiliana de S. Paolo", *Bollettino Consolare*, parte 2, nº 20, 1884, pp. 622-4.

sobe para 1.132.394$691 (Camargo, 1952: 58). Nesse período são, principalmente, italianos que chegam a São Paulo por meio da imigração subsidiada: entre 1882 e 1886, aportam 17.460; em 1887, 27.323; e, no ano da Abolição, o contingente supera 80.000 pessoas (Petrone, 1976: 277). Desse momento em diante não é mais necessário para o proprietário imobilizar seus trabalhadores. O custo de transporte, componente básico para a criação de um mercado de trabalho, é coletivizado pelos financiamentos governamentais. Já não é mais o fazendeiro que individualmente deve alocar recursos para prover a mão de obra necessária para sua propriedade. Por meio do Estado, a classe dos potentados rurais capta os excedentes necessários para mobilizar a força de trabalho requerida para levar adiante a acumulação do capital. Já não é mais esse ou aquele fazendeiro que individualmente importa braços para suas lavouras, mas é o capital cafeeiro que, por intermédio do Estado, produz o mercado de trabalho:

> "Somente com a intervenção do Estado foi possível quebrar o circuito do trabalho cativo, procedendo-se a uma socialização dos custos de formação da força de trabalho e criando-se condições para que se instituísse o trabalho livre e o mercado de trabalho." (Martins, 1979: 66)

Assim, uma vez coletivizados os custos de importação dos trabalhadores, não era mais necessário que a exploração da mão de obra continuasse baseada na sua imobilização. Ela vai residir na extração de mais-valia, assalariamento, muitas vezes combinada com o sistema de colonato instaurado nas fazendas de café. A essência do processo não precisa mais se centrar na coação extraeconômica, que redundava no endividamento do trabalhador dentro de cada propriedade.

É claro que a espoliação imperante antes do subsídio integral das passagens continuaria presente na cafeicultura paulista. A diferença fundamental reside, contudo, no fato de que, liberados os imigrantes do pagamento avançado pelos fazendeiros, o capital pode centrar a exploração da força de trabalho em mecanismos puramente econômicos apoiados no rebaixamento dos salários. A violência inerente ao processo de fixação pelo endividamento é substituída por formas politicamente mais viáveis e economicamente mais rentáveis de subjugar a força de trabalho, baseadas na gestação de um excedente de mão de obra, livre de débitos, mas também de propriedade e de instrumentos produtivos:

"[...] o uso da coerção foi, de fato, às vezes utilizado para obrigar os trabalhadores a permanecerem nas fazendas, mas, na medida do possível, os proprietários preferiam enfrentar o problema, mantendo baixos os custos do trabalho através do aumento da oferta (de mão de obra). [...] A questão da estabilidade do trabalhador agrícola (disse o secretário da Agricultura no Congresso Agrícola de 1896) encontrava-se em via de ser resolvida, pois o Governo estava importando trabalhadores em tal quantidade que as plantações tornar-se-iam em breve até mesmo saturadas [...]. O secretário observou, então, com notável franqueza, que este método era mais prático do que a coerção, a qual, além de ser contrária à liberdade individual, poderia levar os governos europeus a proibir seus cidadãos de virem." (Hall, 1969: 117-8)

Esse é o quadro que caracteriza a constituição do mercado de mão de obra livre na cafeicultura paulista, que pôde contar com sucessivas e volumosas levas de imigrantes. Quando, a partir de 1886, ficou evidente que a escravidão não iria perdurar, os fazendeiros paulistas, liderados por Martinho Prado, fundam a Sociedade Promotora de Imigração, entidade privada cuja finalidade era importar mão de obra para o café. Por meio de contratos firmados com o governo de São Paulo — por sinal

A imigração em massa

inteiramente controlado pelos potentados do café —, a Sociedade traz para as plantações enorme contingente de imigrantes.[6] Do ano de sua fundação até 1895, quando deixa de existir, subsidia a vinda de 220 mil colonos.[7] A sociedade tem a seu encargo a direção da Hospedaria, amplo centro situado na cidade de São Paulo, nas várzeas do rio Tamanduateí, que recebe os imigrantes de Santos e os envia para as fazendas.[8] A Hospedaria tornou-se um enorme centro de arregimentação de mão de obra, facilitando o envio dos imigrantes para as fazendas. Lá, os imigrantes assinavam contratos de trabalho por período de um ano, sendo tomadas as providências necessárias para que fossem canalizados para as grandes fazendas.[9]

Contudo, para dar continuidade a esses fluxos, como o contrato que o colono assinava era de um ano, tornava-se imperioso alimentar constantemente a entrada de imigrantes, pois, devido às condições de trabalho e remuneração, era considerável a rotatividade da mão de obra nas fazendas.[10]

---

[6] Em 1888, com a finalidade de subsidiar a imigração, o governo de São Paulo contratou um empréstimo em Londres de 749 mil libras.

[7] Mesmo após a extinção da Sociedade Promotora de Imigração, continuaram altos os gastos do governo do Estado com a imigração. Assim, por exemplo, em 1895 totalizaram 15% do orçamento do Estado, em 1901, 11%, em 1905, 9%, e em 1913, 8% (Vasconcellos, Dória de, "Alguns aspectos da imigração no Brasil", *Boletim do Serviço de Imigração e Colonização*, mar. 1941, pp. 6, 7, 27 e 28).

[8] A construção da Hospedaria é obra do visconde de Parnaíba, então presidente da província de São Paulo, primo de Martinho Prado, também grande fazendeiro, político influente e presidente da Estrada de Ferro Mogiana. Ver: Monbeig (1953: 30).

[9] Entre 1888 e 1890 entraram em São Paulo 158 mil imigrantes, dos quais 63% subsidiados. No decênio seguinte, 80% dos 720 mil foram subsidiados. Entre 1901 e 1910, dos 420 mil que aportaram, 40% vieram com suas passagens pagas. Tal proporção é 36% para os 356 mil que chegaram nos cinco anos seguintes (Villela e Suzigan, 1975: 249).

[10] "De acordo com o Diretor da Colonização, de 40% a 60% dos

Por outro lado, haveria de compensar a crescente oportunidade de trabalho nas cidades, onde, a partir de 1880-90, os empregados urbano-industriais começaram a se expandir, bem como a saída de imigrantes para o exterior, que, no início do século XX, superou o número dos que desembarcaram em Santos. Há que se afirmar, entretanto, que esses movimentos jamais foram significativos a ponto de escassear a mão de obra nas zonas cafeeiras. Ao contrário, a expansão cafeeira e a indústria nascente sempre contaram com vasta oferta de braços, pois as levas de estrangeiros que entravam sempre foram bastante superiores quando comparadas às dos que partiam do Brasil.[11]

Mesmo no momento da Abolição, não há indícios de falta de braços ou alta no preço da mão de obra, nem a produção se desorganiza: na cafeicultura paulista entraram, naquele ano, 90 mil imigrantes para um total de 107 mil escravos registrados na Província. Até no Vale do Paraíba, a colheita de 1888, 48% superior em relação à do ano anterior, foi efetuada sem problemas (Stein, 1957: 265).

Nas vésperas da Abolição, enquanto os escravos dos cafezais paulistas fugiam das fazendas, muitos dos quais desciam a serra do Mar amontoando-se nas favelas de Santos, imigrantes italianos faziam o percurso inverso, dirigindo-se para as plantações. No entanto, no quadro da economia da época, em que eram restritas as possibilidades de trabalho, muitos escravos,

---

colonos deixam, anualmente, as fazendas em que trabalham. É difícil confirmar esta afirmação, mas, pelo menos, não é exagero dizer que a terça parte das famílias empregadas nas plantações as abandonam a cada ano" (Denis, 1911: 206, tradução minha).

[11] Entre 1882 e 1914, entraram em São Paulo 1 milhão e 553 mil imigrantes e saíram 687 mil (Hall, 1969: 165). Em 1902, o governo italiano proíbe a imigração gratuita para o Brasil. Em 1903-1904, as saídas de imigrantes em São Paulo excedem as entradas em 28.775 indivíduos. Nos dois anos seguintes, ao contrário, as entradas são superiores às saídas em 25.885 pessoas. O mesmo fenômeno ocorre entre 1907 e 1910, quando há um superávit de 11.610 (Villela e Suzigan, 1975: 254).

A imigração em massa

por não encontrar alternativas de sobrevivência, voltavam aos cafezais. Em cerca de um terço das fazendas paulistas, nos estertores de 1888, a mão de obra era formada predominantemente de ex-cativos que haviam fugido de seus antigos proprietários. Havia também o contingente de mão de obra livre, historicamente avolumado nos interstícios da economia mercantil. Crescente parcela desse contingente passou também a se mostrar disponível para o processo de acumulação. Na medida em que o trabalho livre se universaliza e a agricultura comercial avança, novos componentes de trabalhadores nacionais são passíveis de ser submetidos pelo processo de expansão do capital.

É preciso, nesse sentido, frisar que o assim chamado elemento nacional, após a Abolição, tendeu a ser absorvido pelo processo produtivo só em áreas de economia estagnada, onde a imigração internacional foi pouco numerosa ou, até mesmo, nula. De fato, sua utilização ocorreu mais acentuadamente nas regiões decadentes do Vale do Paraíba e nas que apresentavam pouco dinamismo, como nas do Oeste Velho, em contraposição ao Oeste Novo: nela, o imigrante deixou poucas oportunidades para os nacionais que passaram a realizar tarefas mais árduas e de menor remuneração, como o desbravamento e preparo da terra, e, praticamente, extinguiu as possibilidades de emprego para o ex-escravo:

> "De fato, o oeste mais novo, a partir de meados da última década do século, tornou-se o sorvedouro das levas de braços estrangeiros de que necessitava, atraídas pelo estado de cultura e fertilidade do solo. O contingente imigratório era apenas partilhado com o oeste mais antigo, sendo rejeitado pelo tipo de braço que se introduzia, a área mais velha (Vale do Paraíba)." (Beiguelman, 1978: 72)

Os imigrantes negavam-se a ir para as áreas decadentes, principalmente aquelas situadas nas regiões do Vale do Paraíba, onde o braço nacional foi incorporado às tarefas produtivas, enquanto nas zonas novas, de grande produtividade, o colono estrangeiro foi amplamente utilizado, relegando para segundo plano o volumoso estoque de livres e libertos, que, mais uma vez, foram excluídos dos núcleos dinâmicos da economia.[12] As sucessivas levas de imigrantes engajavam-se, em grande parte, na produção cafeeira, pois assim o exigia o sistema de arregimentação subsidiado a que estavam, pelo menos temporariamente, submetidos. Criou-se, assim, um fluxo contínuo de trabalhadores, de antemão expropriados, que supria as fazendas com mão de obra barata. O trabalhador imigrante que saía das fazendas, por várias décadas, pôde ser substituído por seu conterrâneo que chegava, dando origem a um circuito contínuo de reposição da força de trabalho. Inicialmente, é a mão de obra italiana que seria canalizada para os cafezais. Quando em 1902 o governo daquele país proíbe a imigração subsidiada, os fazendeiros voltam-se para a importação de portugueses e espanhóis, e, a partir de 1908, os japoneses passam também a integrar esse volumoso manancial de força de trabalho.[13]

Com isso forjou-se larga oferta de mão de obra permanentemente renovada, condição básica para implantar drástico processo de pauperização, que caracterizaria a acumulação nas fazendas de café:

---

[12] Insisto neste ponto: "As reservas de trabalho livre e liberto na área rural já eram suficientes para atender às necessidades da grande lavoura, que, no setor de vanguarda, se supria de braço italiano" (Beiguelman, 1978: 115).

[13] Para São Paulo vieram 180 mil imigrantes entre 1882 e 1889, dos quais 80% eram italianos. No decênio seguinte, dos 762 mil entrados, 56% eram italianos, mas já 11% vinham da Espanha e 8% de Portugal. Entre 1900 e 1909, dos 368 mil que aportaram em Santos, 48% eram italianos, 24% espanhóis e 15% portugueses. Entre 1910 e 1920 as proporções se invertem: dos 447 mil imigrantes, 30% eram constituídos de espanhóis, igual parcela vinha de Portugal, 24% provinham da Itália e 6% do Japão (Levy, 1974: Tabela 8).

A imigração em massa

"Os salários em 1884, quando o sistema do trabalho livre estava apenas iniciando em São Paulo, eram de 500 réis para 50 litros de café colhidos e de 40 a 50 réis para a carpa de mil árvores. Estes valores diminuíram um tanto no final da década de 1880 em decorrência da chegada de enorme número de imigrantes, mas subiram novamente em meados de 1890 para 700 réis na colheita e 90 para a carpa [...]. No final do século, havia abundante oferta de trabalhadores e os salários caíram substancialmente. Permaneceram em cerca de 500 réis ou um pouco menos na colheita e entre 50 e 80 para a carpa nos primeiros anos do novo século. Então, o pequeno número de imigrantes que veio para São Paulo em contraste com o grande contingente que partiu entre 1902-1910 contribuiu para moderada elevação dos salários. Este processo foi invertido pelo aumento de imigrantes em 1912-1913, de modo que, por volta de 1914, os salários retornaram ao nível de três décadas atrás, em 1884." (Hall, 1969: 143-4)[14]

Tais montantes referem-se aos salários nominais. Quando se tem em conta a elevação nos preços dos artigos de consumo básico, pode-se avaliar a queda real dos salários, que marcou o trabalho no café: tomando-se o preço do arroz, artigo frequentemente comprado pelo trabalhador estrangeiro, verifica-se que com a remuneração proveniente da colheita de 50 litros de café, em 1886, compravam-se 2,2 litros de arroz, 1,5 em 1889, 1,0 em 1892, 1,1 em 1896, 1,1 em 1907 e 0,8 em 1912. Informação semelhante advém de estudo realizado pela legação italiana de 1912, que tomou por referência os preços de treze produtos básicos: de um índice 100, tais produtos subiram para 223 em 1912, enquanto os salários rurais nesse mesmo período tiveram um incremento de apenas 15%, o que indica ter

---

[14] Ver Tabela 1.

sido a queda do poder de compra dos salários de quase 100% (Hall, 1969: 145-7).

Tabela 1
SALÁRIOS NAS PLANTAÇÕES DE CAFÉ
EM SÃO PAULO
(em réis)

Anos	Carpa (por mil árvores)	Colheita (por 50 litros)
1884	50	500
1886	80	400
1888	50	300
1890	60	300
1895	90	600
1898	90	680
1899	85	650
1901	65	500
1904	60	450
1906	80	500
1909	70	500
1912	100	600
1914	80	400

Fonte: Hall (1969: 186).

Nas zonas cafeeiras do Oeste Paulista, o salário real se deteriorou em razão do excedente de mão de obra que continuamente era injetado pelo processo imigratório. O mesmo fenômeno ocorrera nas zonas açucareiras de Pernambuco, pelo menos nos últimos cinquenta anos do século XIX: lá, não o imigrante, mas um excedente populacional autóctone, ainda em plena escravidão, trabalhou para a grande propriedade agroexportadora, submetendo-se a regras de domínio e de superexploração de um processo de acumulação, que se beneficiou da oferta de braços crescentemente disponíveis.[15]

---

[15] O Nordeste seria, historicamente, a região onde se avolumaria

A imigração em massa

Na atividade cafeeira ocorreu superexploração do trabalhador porque a abundância de mão de obra, predominantemente estrangeira em certas zonas e nacional em outras, possibilitou deteriorar os salários. Contudo, a acumulação capitalista iria também se beneficiar da desorganização dos trabalhadores rurais, desenvolvendo um conjunto de formas espoliativas que se dava em acréscimo à queda da remuneração do trabalho. Era comum nos cafezais paulistas a prática de multas ou espancamentos aplicados a trabalhadores que fugiam às duras regras impostas pelos proprietários. Ademais, os colonos eram obrigados a comprar nas vendas das fazendas, pagando mais caro pelos gêneros adquiridos; imperavam também as práticas de diminuir os preços dos produtos por eles cultivados, seu confisco, a alteração das medidas, a protelação ou não do pagamento do salário. Desprovido de organizações e no contexto de um sistema judiciário que sistematicamente favorecia as regras de domínio dos potentados rurais, o trabalhador não poderia fazer valer os seus direitos.[16]

Convém insistir que a importação em massa de estrangeiros representou uma vitória para os fazendeiros do Oeste próspero que, por meio da Sociedade Promotora de Imigração, arregimentaram grande quantidade de braços para suas lavouras.[17] De um lado, os gastos estatais — ao subsidiar o trans-

---

uma vasta reserva de mão de obra, que, após 1920-1930, supriria a economia do Sul com força de trabalho abundante e barata.

[16] Ver: Hall (1969: 128 ss.). Ver também: Dean (1977), principalmente cap. 6. No Vale do Paraíba eram também frequentes práticas espoliativas desse tipo (Stein, 1957: 265 ss.).

[17] Os fazendeiros paulistas do Oeste, cujos interesses não estavam só centrados nas plantações, mas também em bancos, ferrovias e indústrias, faziam-se representar nos mais altos escalões do governo federal e de São Paulo, desde os tempos do Império. Funcionavam como forte do grupo de pressão nas decisões estratégicas, inclusive sobre a política imigratória, a qual, de maneira gradual mas consistente, foi se equacionando, de molde a trazer imigrantes enquanto força de trabalho para as fa-

plante de imigrantes da Europa que chegavam às grandes propriedades sem nenhum ônus para os fazendeiros — foram básicos para produzir de maneira rápida e eficaz mão de obra prontamente disponível para o trabalho no café, eliminando, dessa forma, os transtornos inerentes à submissão do braço nacional. Por outro lado, o transplante em massa de estrangeiros — como já foi mencionado — só foi possível na medida em que, na época, grave crise assolava a Itália, de onde vieram as primeiras levas. Principalmente na região do Vêneto, grande contingente de pequenos proprietários e meeiros foi forçado a proletarizar-se, sem que a economia italiana tivesse condições de incorporar essa massa de disponíveis em outras atividades econômicas (Foerster, 1919: 102 ss.). Viabilizado o transporte gratuito para o Brasil, ludibriados com as promessas dos agenciadores, vieram com o propósito e esperança de enriquecer "na terra prometida" (Hall, 1971: 3).

É das sobras desse vasto processo de importação de estrangeiros que a indústria nascente arregimentaria a mão de obra para levar adiante a expansão do capital fabril. De fato, com exceção das funções técnicas mais especializadas que cobriam ínfima quantidade de empregos, os industriais jamais tiveram de se preocupar em arregimentar trabalhadores.

---

zendas. A essa opção se opunha a Sociedade Central de Imigração, liderada por Alfredo d'Escragnolle Taunay e André Rebouças, cuja finalidade era a de subsidiar imigrantes, dando-lhes terra e o apoio necessário a fim de formar núcleos de pequenos proprietários voltados para o cultivo de alimentos. Prevaleceu a primeira opção, o que significou o emprego de enormes verbas canalizadas pelo Estado, para a importação de braços, transformados em mão de obra barata para a acumulação do capital cafeeiro. Entre 1881 e 1917, os gastos com imigração feitos pelo Tesouro Nacional somaram 137.219.379$465. Essa cifra refere-se a verbas despendidas em todas as unidades do país, da qual, como se sabe, São Paulo recebeu grande parcela. Ademais, é preciso acrescentar os gastos provenientes do governo de São Paulo, que, no mesmo período, somaram cerca de 92.000.000$000 (*Boletim do Departamento Estadual do Trabalho*, São Paulo, ano VII; números 34 e 35, 1919, pp. 340, 342 e 343).

Boa parte desses excedentes de mão de obra dirigiu-se para zonas urbanas, principalmente para a cidade de São Paulo. Quando, em 1898, a superprodução leva à acentuada queda nos preços do café e à substancial baixa nos salários do trabalhador agrícola, grande contingente migra para a cidade (Simonsen, 1973: 25). Muitos estrangeiros, após permanecerem certo período trabalhando no café, em face da deterioração salarial e da dificuldade de acesso a uma gleba de terra na condição de proprietário, tomariam o rumo das cidades. Outros, ainda no final do século XIX, nem passariam pelo trabalho agrícola, dirigindo-se diretamente para as atividades urbanas (Morse, 1970: 239).

Tabela 2
ESTADO DE SÃO PAULO:
ESTIMATIVA DO INCREMENTO DA MÃO DE OBRA
NECESSÁRIA E ENVIADA PARA O CAFÉ
(em mil pessoas)

Períodos	Estimativa do incremento de mão de obra necessária ao café	Mão de obra enviada pela Hospedaria dos Imigrantes para o café		Estimativa do excedente	
		Total	Adultos	Total	Adultos
1893-1896	71,5	188,0	131,6	116,5	60,1
1897-1900	93,0	102,6	71,8	9,6	-21,2
1901-1904	21,0	96,1	67,3	75,1	46,3
1905-1909	3,0	133,1	93,2	130,1	90,2
1910-1915	27,5	244,1	170,9	216,6	143,4
1916-1920	58,0	109,4	76,6	51,4	18,6
Total	274,0	873,3	611,4	599,3	337,4

Fonte: Holloway (1974: 256).

Nesse sentido convém dizer que, a partir de 1904, quando se acelera a industrialização em São Paulo, a quantidade de imigrantes vindos com passagem subsidiada que aportaram em São

Paulo — dessa data até 1918 — foi de cerca de 265 mil para quase 695 mil. Ora, como se sabe que os não subsidiados, em relação aos que tinham o transporte gratuito, tendiam de forma mais acentuada a dirigir-se para outras atividades que não o café, o saldo de 430 mil serve de indicação para o número de pessoas que foram procurar emprego diretamente nas atividades urbano-industriais.[18]

Convém indicar algumas cifras que mostram a acentuada presença de estrangeiros na cidade de São Paulo, onde se concentra a atividade fabril: em 1893, já somavam 55% dos residentes na capital, ocupando 84% dos empregos da indústria manufatureira e artística, 81% no ramo dos transportes e 72% nas atividades comerciais. No início do século, 92% dos trabalhadores na indústria eram estrangeiros, tanto é assim que:

"[...] desde as mais diminutas e insignificantes máquinas até os mais importantes motores se acham em movimento impulsionando centenas de outras máquinas, com as quais se ocupam milhares de operários de ambos os sexos; dos quais infelizmente nem ao menos dez por cento são nacionais!" (Bandeira Jr., 1901: xiii)

Com o avanço da industrialização, a presença dos estrangeiros continuaria elevada. No setor têxtil, em 1911, representavam três quartos do total dos operários, a maioria italianos, proporção que era semelhante nos demais ramos da indústria. Tanto é assim que, ainda em 1913, na capital do Estado tinha-se a

"[...] impressão de estar na Itália, na Itália de além-mar para onde, juntamente com a língua, são trans-

---

[18] *Boletim da Diretoria de Terras, Colonização e Imigração* (1937). Ver também: Spindel (1980: cap. 2).

A imigração em massa

portados os costumes, as tradições domésticas, as festas populares, tudo enfim, o que nos pode lembrar de coração a nossa terra de origem."[19]

Em suma, até pelo menos 1920, os imigrantes representavam a maioria dos trabalhadores na indústria: 52% continuavam sendo estrangeiros, e, dentre os 48% restantes, a maior parte era filho de imigrantes, indicando a preferência que o industrial mantinha pela mão de obra de origem ou ascendência estrangeira. Nessa data, os estrangeiros representavam 18% dos 4 milhões e 500 mil habitantes presentes no Estado, enquanto no município de São Paulo, que passa por vertiginoso crescimento demográfico, entre 1890 e 1920, o número de imigrantes continuaria, proporcionalmente, ainda mais elevado (Lowrie, 1938).[20]

Tais números apontam para a formação nas cidades de um excedente de força de trabalho em relação às necessidades produtivas em expansão:

"Embora faltem dados da migração rural-urbana da época, é bastante plausível a hipótese de que uma parcela significativa desta sobrepopulação transferiu-se para os centros urbanos. [...] Por certo, houve muitas alternativas para a inserção no conjunto de atividades em que a capital do Estado em especial estava desenvolvendo. Mas os indícios da *formação de um exército industrial de reserva, previamente a um momento de decisiva arrancada da industrialização da cidade, são bastante claros*. Assim quando São Paulo iniciou esta arrancada, a partir de 1905 apro-

---

[19] Antonio Piccarolo, *O Estado de S. Paulo*, 29/1/1913, p. 3, em Maram (1979: 14).

[20] Ver Tabela 3.

ximadamente, não se registrou nenhuma crise de mão de obra, o que de resto favoreceu o processo de acumulação. [...] Esta determinação estrutural (a existência de uma abundante oferta de força de trabalho) contribuiu permanentemente para deprimir os salários e reduzir o alcance das lutas operárias por melhores condições de existência." (Fausto, 1976: 24-5, grifo meu)

Ao êxodo rural para as cidades, agravado pela crise cafeeira, iriam se adicionar os trabalhadores que não passaram pelo campo. Tal contingente, acrescido ao trabalho feminino e infantil, largamente utilizado nos primeiros decênios da industrialização, forjou ampla reserva de trabalhadores, que, historicamente, pressionou para baixo os níveis salariais.

Foge do âmbito deste ensaio a análise dos processos de constituição da força de trabalho urbana. Contudo, é conveniente apontar que, em largos períodos, houve perda do poder aquisitivo dos salários do operariado paulista, que, em certos anos, deterioram-se ainda mais drasticamente do que nas zonas rurais.

Vale insistir neste ponto básico: onde não houve importação de braços estrangeiros, houve utilização de mão de obra nacional. Ao contrário, onde esse processo ocorreu, o imigrante afastou o ex-escravo das atividades produtivas e reduziu substancialmente a absorção dos nacionais que não haviam passado pelo cativeiro:

"Tanto na economia agrícola de exportação mais dinâmica, o café, quanto na economia urbana em expansão, durante os últimos anos do século passado e a primeira década deste século, a massa imigratória europeia relegou a um segundo plano a mão de obra nacional e, por assim dizer, a um terceiro plano, os ex-escravos." (Balan, 1974: 120)

A imigração em massa

Tabela 3
POPULAÇÃO DO BRASIL, DO ESTADO E DO MUNICÍPIO DE SÃO PAULO
(em mil habitantes)

População presente

| | Brasil | | | | Estado | | | | Município | |
| | Total | | Estrangeiros | | Total | | Estrangeiros | | Total | |
Anos	Números absolutos	Índice	Números absolutos	Índice	Números absolutos	Índice	Números absolutos	Índice	Números absolutos	Índice
1890	14.334	100	352	100	1.385	100	75	100	65	100
1900	16.438	122	1.075	305	2.282	167	478	637	240	369
1920	30.636	214	1.566	445	4.592	332	830	1.107	579	891

Fonte: IBGE, Censos Demográficos de 1890, 1900 e 1920.

Como será aprofundado no capítulo seguinte, à diferença do Rio de Janeiro, onde os nacionais estiveram presentes na indústria desde seus primórdios, inclusive negros e mulatos, em São Paulo, devido ao enorme afluxo de imigrantes, o sistema econômico, ao prescindir de sua utilização, não os fazia passar pela "escola do trabalho", em muitos casos jogando-os numa condição social e econômica de marginalização.[21]

Numa primeira etapa da expansão capitalista, a massa de imigrantes, em face das necessidades do sistema produtivo, foi suficientemente volumosa para criar o exército de trabalhadores ativos e sua própria reserva. Ao arquitetar o processo imigratório, o núcleo dinâmico do capitalismo no Brasil, o café, forjou as condições para superexplorar e espoliar a força de trabalho, basicamente então constituída de braços estrangeiros. Quando, posteriormente, patamares mais desenvolvidos e diversificados do processo de acumulação exigissem a incorporação de maiores montantes de mão de obra e a imigração internacional não fornecesse mais a abundância de braços, como a ocorrida em épocas anteriores, os capitais agrícola e industrial lançar-se-iam em busca desse potencial deixado historicamente como reserva latente de trabalho.

Enquanto isso não ocorresse, a mão de obra nacional permaneceria, nas regiões e setores econômicos de maior dinamismo, em boa parte desligada dos núcleos centrais do processo produtivo, principalmente a indústria, na qual o contingente negro e mulato sobretudo, durante várias décadas do século XX, ficaria realizando tarefas as mais desprezadas e, no mais

---

[21] "Tudo isso (a imigração e a concorrência interétnica de trabalhadores) concorreu para que a situação humana, vinculada à escravidão, fosse muito mais dura e desumana em São Paulo que em outras regiões do País [...], e para que a transição para a liberdade representasse muito pouco como fonte de compensações sociais [...]. O negro e o mulato, postos à margem, atravessam um duro período de desorganização social, de apatia e de desmoralização coletiva" (Fernandes, 1962: 146). Ver também: Fernandes (1965), Bastide e Fernandes (1971) e Ianni (1962).

A imigração em massa   109

Tabela 4

ESTADO DE SÃO PAULO: EVOLUÇÃO DOS SALÁRIOS
DE TRABALHADORES RURAIS, OPERÁRIOS INDUSTRIAIS E FERROVIÁRIOS
EM CONFRONTO COM A ELEVAÇÃO DOS PREÇOS
DE GÊNEROS ALIMENTÍCIOS E DOS TECIDOS DE ALGODÃO
(1914 = índice 100)

Anos	Gêneros alimentícios	Salários trabalhadores rurais	Salários operários industriais	Salários ferroviários	Tecidos de algodão (preços fábrica)	C/A	C/E
	A	B	C	D	E		
1913	95	105	100	-	105	105	95
1914	100	100	100	100	100	100	100
1915	117	95	75	101	98	64	77
1916	119	97	86	101	147	72	59
1917	132	94	86	104	232	65	37
1918	148	102	130	122	222	88	59
1919	146	107	160	119	342	110	47
1920	164	-	147	119	334	90	44

Fonte: Cano (1977: 171).

das vezes, mais mal remuneradas. Mais ainda: particularmente sobre eles continuava a desabar a pecha de imprestáveis para o trabalho.

Tendo em vista essas considerações, é importante retomar, no capítulo seguinte, a questão da assim chamada vadiagem do elemento nacional. Esse tema é importante, pois foi sobre a crença de sua incapacidade para o trabalho que, inicialmente, se reproduziu a escravidão e, posteriormente, se importaram numerosas levas de braços estrangeiros.

A imigração em massa

5.
A RECUPERAÇÃO DA MÃO DE OBRA NACIONAL

"[...] nos trabalhos fortes e rudes [...] o europeu não pode medir-se com os nacionais [...]: grandes marmanjos sanguíneos não raro possuem apenas uma robustez epidérmica, aparente, simplesmente decorativa, que não resiste ao mais ligeiro confronto com a dos minúsculos titãs." (Limongi, 1916: 12 e 14)[1]

Assinalei nos capítulos anteriores que os livres e libertos não participaram do trabalho disciplinado e regular nas fazendas de café até 1888 e, depois dessa época, só foram incorporados nas áreas de cultivo para onde o imigrante não se dirigiu. Durante a escravidão, estiveram presentes onde o cativo, pelos riscos de fuga ou perigos inerentes a certas atividades, era pouco utilizado, tais como transportes, abertura e conservação de estradas, obras públicas. Faziam também o desmatamento e cumpriam a tarefa de desbravamento do vasto território. Ademais, os livres e libertos foram utilizados para implantar as ferrovias, e, por mais rudimentares que tivessem sido no percurso dos séculos, sempre havia as atividades de subsistência. Estas, pelo menos no momento que os escravos foram desviados da cultura de alimentos e concentrados na produção cafeeira, se-

---

[1] Convém mencionar que o *Boletim do Departamento Estadual do Trabalho*, onde João Papaterra Limongi publicou o texto citado, é uma publicação oficial do governo de São Paulo. O autor em pauta, fortemente influenciado pelas ideias nacionalistas, publicou o livro *Economia política e finanças*, São Paulo, Companhia Editora Nacional, 1934.

guramente, passaram a ter alguma significação para o abastecimento das fazendas e dos centros urbanos, que lentamente se desenvolviam. Foram também arregimentados nas guerras e sublevações, sendo convocados para as diversas expedições militares da Colônia e do Império. E foram, sobretudo, os executores da violência com que a ordem senhorial conquistava e mantinha suas propriedades e reprimia seus escravos, constituindo-se, desse ângulo, em instrumento essencial na manutenção do domínio, cujas raízes se assentavam na preservação do cativeiro.[2] As atividades antes arroladas, certamente, sempre mobilizaram pequeno número de pessoas em face da população que se avolumava, sendo desempenhadas de forma intermitente e ocasional.

Enfatizei reiteradamente que os nacionais sempre foram encarados como vadios, inaptos para o trabalho organizado e regular, que continuou nas grandes plantações paulistas alicerçado no escravo até as vésperas da Lei Áurea. Como trabalhar sob as ordens de alguém significava, de fato, aceitar uma condição semelhante à do cativo, tenderam a afundar-se na miséria itinerante e sem destino, preferindo essa situação a se submeter às regras de domínio com que os senhores tratavam os escravos. Daí a vida errante, utilizando-se dos recursos naturais da terra, da caça e pesca, das pequenas plantações que rodeavam choupanas rudimentares, logo abandonadas, quando os senhores englobavam essas áreas de economia de subsistência às suas propriedades, expulsando-os para zonas mais longínquas. Daí a mendicância e indigência de um povo de várias origens e matizes, ferrado pela desclassificação social produzida por uma sociedade cuja riqueza e poder se estruturava no trabalho cativo.

Desabilitados subjetiva e objetivamente para o trabalho disciplinado, nem por isso deixaram de ser incorporados ao

---

[2] "Nisto consistia, por sinal, o principal serviço que o agregado costumava prestar: o de vigilância e defesa da propriedade do senhor que o acolhera" (Gorender, 1978: 293).

processo produtivo, tão logo este os necessitasse: foi assim durante a escravidão, ou mais tarde, nas regiões cafeeiras estagnadas, para onde o imigrante não se dirigiu.[3] Nas áreas novas, por outro lado, desempenharam as tarefas mais árduas — derrubadas de matas e preparo da terra — que o estrangeiro tendia a rejeitar. Trabalharam, portanto, em atividades que antes o escravo não podia fazer e depois o imigrante não queria desempenhar.

Dessa forma, parece viável afirmar que não só o braço nacional trabalhou onde se abriram possibilidades, mas também que sua cantada e decantada inaptidão para o trabalho foi sempre um fator material e ideologicamente reiterado pelos potentados da cafeicultura paulista, a fim de, inicialmente, reproduzir a escravidão, e depois criar oferta abundante de braços por meio de renovados e volumosos fluxos de estrangeiros injetados do exterior.

Para tanto, era necessário depreciar os nacionais, isto é, retirar-lhes as possibilidades de trabalho recriando as condições materiais de sua marginalização e atribuindo-lhes a pecha de indolentes e indisciplinados. Tanto é assim que, em plena crise do trabalho servil, a grande imprensa afirmava que

> "[...] os ex-cativos, como a maior parte dos caipiras, fogem ao trabalho. Se vão para as fazendas como camaradas, poucos dias param. São excessivamente exigentes, morosos no trabalho, param a cada momento para fazer cigarro e fumar; nas horas de refeições demoram-se indefinidamente, bebem, poucos se su-

---

[3] "Às vésperas da Abolição, estabelecida já a grande corrente imigratória, que entretanto não se localizaria no Vale do Paraíba, congratula-se o presidente Rodrigues Alves com o esforço dos fazendeiros desta área, no sentido de utilizar o trabalho nacional 'que se acha desaproveitado e inerte, pela própria desídia dos fazendeiros que, em regra, exageram as dificuldades de adotá-los nos seus estabelecimentos'" (Beiguelman, 1978: 107).

jeitam a fazer um feixe de lenha etc. [...] Qualquer observação que se lhes faça recebem como ofensa e formalizando-se dizem que são livres, largam a ferramenta e se vão."[4]

Em suma, antes e depois da Abolição são frequentes as queixas acerca dos nacionais: trabalham raramente, pois de pouco precisam para seu sustento e por qualquer motivo abandonam os cafezais. Na realidade, são refratários ao trabalho organizado, porque, sendo mínimas suas necessidades, não precisam se alugar para outros de forma contínua. Basta, de quando em vez, uma jornada por semana: de resto, a disponibilidade para nada fazer, além da caça, da pesca, do pequeno plantio e da criação, que permitem a sobrevivência na pobreza e, dessa forma — agora introduzo essa nova dimensão da assim chamada vadiagem —, o desamor ao trabalho e a possibilidade do ócio e do festejo.[5] Daí, enquanto existissem glebas de terra para levar adiante uma sobrevivência miserável mas independente, esse vasto segmento de pobres tendia a viver de forma dispersa e móvel, em bairros pouco sedimentados, desenvolvendo atividades de subsistência por meio de técnicas rudimentares. Dessa forma, repudiava a submissão da disciplina produtiva, trabalhando nas fazendas enquanto outra alternativa não se mostrasse viável, pois nelas sua condição de pessoa livre era constante e impunemente aviltada pelas regras de submissão baseadas no cativeiro. Liberdade significava não só a escolha de locomover-se por um pauperismo itinerante, como também, sobretudo, a possibilidade de desobedecer: a obediência constante,

---

[4] *A Província de São Paulo*, São Paulo, 8/4/1888.

[5] Candido (1979), principalmente cap. 5, "O caipira e sua cultura", onde creio que se encontra a formulação mais correta acerca da questão da "vadiagem" do trabalhador nacional.

"[...] nele, é sempre relativa e muito precária, comparada à do negro, escravo ou ex-escravo, e mesmo à do colono europeu, fruto de uma sociedade rural rigidamente hierarquizada sobre os restos do senhorio e da servidão."[6]

É preciso dizer quantas vezes necessário for: a exploração capitalista do trabalho, realizada por meio do assalariamento, não é uma equação que possa ser resolvida de forma simples. Esse processo supõe criar relações sociais de produção que levem ao domínio do capital sobre o trabalhador. É preciso, pois, expropriá-lo num duplo sentido: de um lado, produzir condições materiais que metamorfoseiem a pessoa em força de trabalho, impedindo sua reprodução autônoma e obrigando-a a se transformar em mercadoria que se vende no mercado de trabalho; de outro, é preciso condicioná-lo, no sentido de "convencê-lo" a se incorporar no processo produtivo, aceitando a situação de assalariado em vez de escolher outra alternativa de vida. O tortuoso processo de produzir força de trabalho, geralmente impregnado de acentuada dose de violência institucional e privada, implica, assim, tanto transformações materiais, em que o acesso à terra é um ponto fundamental, como mudanças culturais e ideológicas que geram no trabalhador a "disposição" de ingressar na disciplina do processo produtivo.

No caso da economia paulista, os volumosos fluxos imigratórios tornaram, em certa medida, desnecessário subjugar a mão de obra nacional, pois o braço estrangeiro foi suficientemente numeroso para satisfazer as necessidades do capital agrário e industrial em expansão. Ademais, essa constante injeção externa de braços, de antemão expropriados material e culturalmente, ao mesmo tempo recriava as condições de drástica

---

[6] Candido (1979: 85). "No latifúndio produtivo, assim formado, o trabalho escravo criou condições dificilmente aceitáveis para o homem livre, que refugou também, posteriormente, a dependência social do colonato" (*ibidem*: 80).

A recuperação da mão de obra nacional

exploração e espoliação imperantes nas fazendas e, pelo menos nas áreas novas, alijava os nacionais do processo produtivo.

Dessa forma, reiterou-se sua vida errante: inadequado para as tarefas produtivas — pois era inadmissível submeter-se aos desmandos daqueles que antes eram donos de escravos e depois se transformaram em patrões, sem mudarem a mentalidade senhorial e despótica de lidar com o homem livre —, esse vasto segmento da população, simultaneamente, rejeitou e foi rejeitado pelo fazendeiro que se utilizou do trabalho cativo e, posteriormente, do braço estrangeiro que aportou com o ardente desígnio de "vencer na vida".[7]

Recusando o trabalho disciplinado nas fazendas, pôde dispor da fertilidade das terras, da pesca, caça ou coleta, que proporcionavam o mínimo para viver com larga margem de ócio e lazer. Fugindo dos rigores da produção organizada, passou a ser visto pelos dominantes como corja inútil, ralé instável, vadio que para nada servia. Durante os horrores da escravidão, foi forçado à vida errante, ao expediente ocasional ou até mes-

---

[7] "Como já se tinha visto no seu antepassado índio, verificou-se nele certa incapacidade de adaptação rápida às formas mais produtivas e exaustivas de trabalho, no latifúndio da cana e do café. Esse caçador subnutrido, senhor do seu destino graças à independência precária da miséria, refugou o enquadramento do salário e do patrão, como eles lhes foram apresentados, em moldes traçados para o trabalho servil. O escravo e o colono europeu foram chamados, sucessivamente, a desempenhar o papel que ele não pôde, não soube ou não quis encarnar" (Candido, 1979: 82). Quanto às formas de domínio sobre a mão de obra, antes e depois da escravidão, vale a pena insistir: "Embora a suposta mentalidade escravocrata do fazendeiro possa ter oferecido dificuldades no relacionamento com o imigrante, a verdade é que as condições objetivas da substituição do negro pelo branco sofreram de imediato poucas modificações em relação às condições escravistas. Como a escravidão não era mera instituição, mas sim uma relação real em condições históricas definidas, a sua supressão jurídica ou a mera incorporação produtiva ao trabalho do homem livre não eram suficientes para alterar o teor do vínculo (tanto nas decadentes regiões do Vale do Paraíba como no próspero oeste de São Paulo) entre o fazendeiro e o trabalhador" (Martins, 1979: 61).

mo à esmola, pois trabalhar significava a degradação de sua liberdade. Aos olhos dos senhores, essa massa numerosa e crescente era vista como ignorante e viciada, *"uma outra humanidade, inviável pela indolência"* (Mello e Souza, 1982: 219). Nesses tempos, o desamor ao trabalho organizado serviu para fundamentar a ideologia da vadiagem e, em contrapartida, para reforçar a ordem escravocrata, pois, como refugava o trabalho, era necessário que este fosse compulsório.[8]

Como já mencionado, essa situação reproduziu-se no século XIX cafeeiro até 1888, e depois, quando todos são formalmente livres, o nacional foi incorporado às tarefas produtivas nas quais não acorreram imigrantes: lá trabalhou e, como por encanto, de um momento para o outro, deixou de ser "vadio". Ao contrário, para onde o imigrante foi canalizado, fundamentalmente, para as zonas dinâmicas da cafeicultura paulista, continuou relegado a uma posição marginal: serviu de reserva de trabalho para as atividades mais degradadas e mal remuneradas, e reproduziu sua desnecessidade de trabalhar na medida em que conseguia viver sem se submeter à disciplina de uma engrenagem ainda fortemente marcada pelas barbaridades do cativeiro.

A utilização do nacional, seja ele branco, negro ou mulato, diferenciou também o conjunto da economia paulista, em que, no início do século, contava com 529 mil imigrantes, em contraste, por exemplo, com a de Pernambuco, na qual, em 1900, havia apenas 11 mil imigrantes, representando tão somente 1% dos habitantes daquele estado. Lá, onde a escravidão entrou em declínio a partir do término do tráfico de africanos, e para onde o imigrante não se dirigiu, o braço nacional ingressou nas fileiras do trabalho do campo e da cidade.

---

[8] "No discurso das autoridades [...] os homens livres [...] de nada serviam, e portanto era como se não existissem para o mundo do trabalho. Prestavam, entretanto, para justificar a escravidão: para lembrar, a cada instante, que o recurso à mão de obra escrava era imprescindível ao funcionamento da Colônia" (Mello e Souza, 1982: 220).

Em São Paulo, onde o dinamismo industrial se iniciou a partir de 1890, o braço estrangeiro sempre foi largamente majoritário nos vários ramos da economia urbana, particularmente nas atividades fabris, nas quais foi diminuta a presença do braço nacional. À semelhança das regiões prósperas do café, também na indústria o trabalhador autóctone foi incorporado de maneira acessória e residual.[9] É que, também na indústria paulista, o braço estrangeiro foi suficiente para preencher as fileiras do trabalho e gerar, desde os primórdios, uma reserva abundante de mão de obra barata. Assim, também para o parque industrial que se desenvolvia em São Paulo não se mostrou necessário submeter o trabalhador nacional. Este, em boa medida, permaneceu à margem das tarefas fabris, numa situação de relegação que desabou, devido aos fortes preconceitos de cor, particularmente sobre o negro e o mulato, que traziam estampada na pele a pecha que a escravidão tão forte sedimentara. Contudo, semelhante exclusão de participar das tarefas fabris contrasta com o quadro do Rio de Janeiro, onde, em 1890, quase 30% da mão de obra presente na indústria manufatureira era composta de pretos e mestiços (*Recenseamento de 1890*, 1895). Ademais, 57% das pessoas ocupadas nesse setor não eram estrangeiras, proporção que é de 41% para o ramo de transportes e de 49% para o comércio, o que demonstra a larga participação do elemento nacional na economia urbana carioca, cuja indústria, na época, era a mais ampla e dinâmica do país.[10]

Convém frisar que a imensa maioria das tarefas industriais não exigia habilitação, pois as fábricas, desde seus primórdios,

---

[9] Ver os dados apresentados no texto concernente às páginas 97 e seguintes do capítulo 4.

[10] *Recenseamento de 1890* (1895). A presença do elemento nacional manter-se-ia elevada com o avanço da industrialização no Rio de Janeiro. Tanto é assim que, em 1906, 50,6% dos 201.361 trabalhadores presentes na indústria, transporte e comércio eram nascidos no Brasil (*Recenseamento de 1906*, 1907).

operavam com máquinas que parcializavam os processos produtivos, necessitando à parte diminuto número de funções técnicas especializadas, mão de obra que não precisa ter nenhuma qualificação profissional. A utilização do braço estrangeiro na indústria paulista não decorreu da melhor qualificação do imigrante, que, por sinal, só excepcionalmente trazia uma experiência industrial prévia.[11] Em outras palavras, havia, isto sim, necessidade de submeter-se à disciplina de uma produção regulada por apitos que periodizavam jornadas muitas vezes superiores a doze ou mesmo catorze horas, nas quais era frequente a presença de mulheres e crianças, mas não havia necessidade de destreza manual ou intelectual.

A discussão referente à relegação do braço nacional, portanto, não deve se apoiar na maior experiência urbana ou fabril do estrangeiro, pois dela a indústria não necessitava. A questão central reside na secular descrença que sempre pairou sobre o segmento nacional, que continuou sendo considerado inapto e indisciplinado para o trabalho, na medida em que a indústria paulista contou com vasta oferta de braços estrangeiros. Expropriados no seu país de origem, para cá vieram os imigrantes com a motivação de *fare l'America*, e, para tanto, submetiam-se aos drásticos horários e regulamentos de uma disciplina despótica na esperança de enriquecer, mas que, na imensa maioria das vezes, reproduziu uma condição proletária marcada por flagrante pauperismo. Nesse quadro de relegação, couberam ao trabalhador nacional das zonas urbanas de São Paulo os serviços mais aviltados, como o emprego doméstico e outras atividades classificadas como "mal definidas" e "não declaradas",

---

[11] "A maioria daqueles que vieram para a capital, segundo as informações disponíveis, não teve experiência industrial ou urbana prévia. Sem dúvida, alguns artesãos e trabalhadores urbanos vieram para São Paulo, mas este tipo de imigração não foi incentivada e parece inquestionável que a imensa maioria da força de trabalho era composta por homens e mulheres provenientes das áreas rurais do Sul da Europa [...] que não estavam familiarizados com a indústria" (Hall, 1971: 2-3).

A recuperação da mão de obra nacional

Tabela 5
IMIGRANTES ENTRADOS NO ESTADO DE SÃO PAULO
(Imigrantes entrados)

Anos	Estrangeiros		Nacionais		Subsidiados		Espontâneos		Totais	
	n°	%	n°	%	n°	%	n°	%	n°	%
1910-1914	362.898	97	12.688	3	148.617	40	226.969	60	375.586	100
1915-1919	83.684	80	21.239	20	37.766	36	67.157	64	104.923	100
1920-1923	141.277	77	41.380	23	46.057	25	136.550	75	182.607	100
Totais	587.909	87	75.307	13	232.440	35	430.676	65	663.116	100

Fonte: *Boletim do Departamento Estadual do Trabalho* (1924).

nas quais, certamente, estavam incluídos o trabalho pesado e ocasional que tarefeiros de todo tipo praticavam na cidade dos primórdios da industrialização.[12] Como já mostrei em páginas anteriores, a imigração não foi uma tarefa fácil de ser arquitetada. Longos debates se travaram, exprimindo interesses conflitantes de grupos econômicos e políticos, opondo, inclusive, os cafeicultores, segundo as áreas em que estivessem sediadas suas propriedades. A opção vencedora foi a importação em massa de estrangeiros previamente expropriados, inundando de braços as zonas prósperas do Oeste Novo, em detrimento das demais regiões. Para manter a situação de pauperização imperante nas fazendas, tornava-se necessário produzir uma reserva de trabalho que substituísse a mão de obra que deixava os cafezais, sendo, portanto, imperiosa a constante renovação dos fluxos migratórios. Dominando os aparelhos decisórios, os fazendeiros prósperos conseguiram, até a Primeira Grande Guerra, sanar a sangria de mão de obra que saía dos cafezais por meio de permanentes transfusões de braços injetados do exterior. Dessa forma, puderam reproduzir as condições draconianas de trabalho. Mas para assim o fazer, era imprescindível insistir no argumento da indisciplina do nacional, pois, como não prestava para o trabalho, a produção só poderia continuar baseada no estrangeiro:

"O nosso camarada nacional, não é necessário lidar com ele para se ficar convencido de que, hábil, como nenhum outro para todo e qualquer serviço, é entretanto incapaz de se sujeitar a um trabalho continuado, e de que, mesmo no momento da mais urgente necessidade, não haverá argumento que o de-

---

[12] Nesse sentido, aponte-se que, em contraste com outras ocupações, 42% dos empregados domésticos em 1893 eram ocupados por nacionais. Em 1920, quando se adiciona o emprego doméstico com as "atividades não declaradas ou mal definidas", os nacionais perfaziam 62% desses tipos de ocupações.

A recuperação da mão de obra nacional

cida a trabalhar quando não queira, por costume ou
mero capricho."[13]

A propalada vadiagem dos nacionais passou a se mostrar
inconsequente quando o sistema imigratório começou a diminuir, a partir de 1914. O problema de fornecimento de imigrantes para o café foi bastante agravado com a eclosão da Primeira Grande Guerra. Além das crônicas drenagens de braços para a agricultura — êxodo das fazendas, vinda direta para as
cidades —, a conflagração mundial levou à acentuada queda
na vinda de estrangeiros, representando, entre 1915 e 1919,
apenas 23% do contingente entrado no quinquênio anterior.
De fato, malgrado a canalização de trabalhadores das cidades para o interior, empenho que mobilizou o governo de São
Paulo a partir de 1913, esse deslocamento se anulava pela trajetória daqueles que, mais numerosos, faziam o percurso inverso. Enquanto a injeção estrangeira manteve-se abundante, o
estoque que deixava as fazendas pôde ser facilmente reposto
por novas levas. Mas quando, com a guerra, elas escassearam,
tornou-se necessário mobilizar mão de obra que tradicionalmente pôde ser relegada pelas atividades mais prósperas e dinâmicas da economia agrária.

Daí o empenho do discurso dominante para recuperar o
braço nacional:

"[...] a 'degenerescência de nossa raça', a 'imprestabilidade absoluta de nossos homens' são preconceitos do pessimismo que dizem muito de perto
com um relevante problema, cuja solução interessa
a todo o Estado de São Paulo [...] Refiro-me [...] à
questão sempre momentosa da mão de obra para a
lavoura [...]. Seguindo um estado de espírito quase

---

[13] *Correio Paulistano*, São Paulo, 9/8/1902.

geral, a mão de obra agrícola em São Paulo tem que ser estrangeira e tem que ser fornecida pelo Poder Público aos fazendeiros, em abundância e ininterruptamente. [...] Qual pode ser, pois, a solução? A contínua, ininterrupta introdução de imigrantes? Onde os buscar? Em diferentes países? Mas a experiência ensina que só um limitadíssimo número de países no-los fornecem [...]. Se o pânico de 88, produto de uma política imperiente, tornou necessária a imigração em grande escala, nada nos aconselha a escravizarmo-nos indefinidamente a este pauperismo. [...] Os mesmos propagandistas desta política antiquada hão de dobrar-se à realidade: enquanto durar a guerra, não teremos imigração torrencial [...]. Ora, a verdade fundamental nesta questão é que à lavoura faltam braços, não porque o país não os tenha, mas porque não são aproveitados. [...] Isto contribuiu enormemente para deixar na ociosidade uma reserva considerável de braços, que existe, que se vê, porque é essa reserva considerável de braços num ano de imigração escassa como este (1916) e o anterior, que tornou possível o incremento da produção."[14]

Privado do abastecimento de imigrantes, solidifica-se o projeto do grande cafeicultor de buscar braços no Nordeste. As regiões mais aventadas são as assoladas pela seca, onde se encontra grande número de retirantes. As publicações oficiais, ao contrastar o progresso de São Paulo com a população que lá se "estiola na miséria", apontam para a necessidade de retirá-las dessa "atrofia", propiciando-lhes vida digna e trabalho regular. Apelam, por outro lado, para o espírito de "comunhão brasileira" que deve estar acima dos regionalismos antinacionais. A

---

[14] Relatório de Luiz Ferraz a Candido Motta, Secretário de Estado dos Negócios da Agricultura, Comércio e Obras Públicas (Ferraz, 1917).

A recuperação da mão de obra nacional

experiência, pela primeira vez, se concretizou em 1915, por ocasião da grande "seca", quando "milhares e milhares dos nossos infelizes patrícios" foram vitimados nessa "vasta e infeliz zona do nosso país"; nesse ano, alguns grandes fazendeiros, por meio do fornecimento de passagens gratuitas pelo governo federal, recebem 5 mil cearenses para trabalhar de modo permanente nas suas lavouras.[15] Realçando que no Norte do país a mão de obra é subaproveitada, e que, antes das restrições impostas pela guerra, "o trabalhador nacional sempre foi considerado, *aliás sem razão*, como inferior ao estrangeiro, e, a não ser para zonas reconhecidamente insalubres, ninguém o procurava", aponta o cafeicultor que semelhante corrente emigratória seria de extraordinário alcance para o futuro econômico de São Paulo.[16] A argumentação em pauta não deixa de ser conclusiva quanto à serventia do traço nacional:

> "Habituados a uma vida sem aspirações e uma incerteza absoluta do dia de amanhã, quando chegam a São Paulo, mostram, na sua maior parte, pouca ambição e daí uma natural indolência. Verdade é que esta indolência [...] é também em grande parte devido ao seu estado de fraqueza. [...] Homens como estes, está claro, precisam de ser tratados, e uma vez livres da infecção que os abate e tonificado seu organismo [...] *em pouco tempo tornam-se elementos de traba-*

---

[15] Leme (1919: 138). O autor é gerente da The San Paulo Coffee Estates Co. Ltd.

[16] Leme (1919: 137 e 139, grifo meu). Aliás, a iniciativa levada adiante pela The San Paulo Coffee Estates Co. Ltd. foi seguida por grandes cafeicultores, entre outros, pelo conselheiro Antonio Prado, o conde de Prates, a Companhia Agrícola de Fazendas Paulistas, os srs. Bento de Abreu Sampaio Vidal, Antonio Augusto de Abreu, Joaquim Vieira Botelho, ao tempo que a Sociedade Rural facilitava a seus associados a arregimentação de mão de obra no Ceará (*ibidem*, 140).

lho se não melhores pelo menos iguais aos estrangeiros." (Leme, 1919: 139, grifo meu)

Assim como antes os potentados agrários haviam enaltecido as virtudes do emigrante, argumento básico para canalizar enorme soma de recursos, que, por meio de subsídios governamentais, recriavam oferta de força de trabalho abundante, tornava-se imperioso reverter o discurso a fim de arregimentar a mão de obra nacional: estava sendo minada a secular percepção segundo a qual os nacionais eram vadios, corja inútil imprestável para o trabalho disciplinado.

No discurso dominante, a instabilidade e indisciplina no trabalho deixaram de ser marcos inerentes à índole dos nacionais. Não se trata mais de aversão congênita para trabalhar, fruto de espírito errante por natureza ou de uma mentalidade falsa e viciada, propensa, devido a uma degeneração irremediável, à vida fácil, ao alcoolismo e à imoralidade de toda sorte. Ao contrário, tradicionalmente estigmatizado de apático, preguiçoso ou vagabundo, o braço pátrio poderia e deveria ser regenerado, pois sua indolência era consequência do abandono a que fora relegado: afinal, ele já havia provado sua bravura na exploração de terras adversas, como as da Amazônia, onde fora "o mais corajoso e heroico dos colonos", indivíduo enfim, capaz de suportar a penúria e a dor, atributos "que só possui o nosso sertanejo do Norte" (*La Rivista Coloniale*, 1918: 257).

Sua desambição passa a ser encarada com parcimônia de alguém que se contenta com pouco, não busca lucro fácil e, sobretudo, não reivindica; a inconstância traduz-se enquanto versatilidade e aptidão para aprender novas tarefas, e o espírito de indisciplina metamorfoseia-se em brio e dignidade. O antigo andarilho serve para ir aonde dele se necessitar, o gosto por aventuras e brigas transforma-se em destemor, coragem para realizar serviços arriscados, e a desconfiança é atributo para rejeitar ideias espúrias, tão em voga nessa época, em que se produz a conversão do elemento nacional, cuja indolência não advém da preguiça ou vadiagem, mas da falta de oportunidade

A recuperação da mão de obra nacional

para trabalhar, enquanto seus vícios passam a ser encarados como provenientes da miséria, na qual, por séculos, esteve atolado e da qual é preciso retirá-lo.

Nesse processo de recuperação da mão de obra nacional, sua comparação com o estrangeiro é frequente, e na contenda das argumentações ela sai vitoriosa. Tratava-se de reativar o mercado de trabalho a fim de continuar dispondo de vasta oferta de braços, condição indispensável para o sistema produtivo manter inalterada a feroz exploração do trabalho que os movimentos grevistas, em vários momentos, haviam colocado em xeque: para os grupos dominantes, sempre havia o risco de infiltração do "vírus anarquista", de origem estrangeira, estranho à "índole pacífica" das "tradições pátrias", mais suscetível de contaminar o imigrante.[17] Também sob esse aspecto reconstrói-se a imagem do trabalhador nacional, que, à diferença do estrangeiro, trabalha a preços módicos, aceita qualquer tarefa sem reclamar ou lançar mão de paralisações.

Vale a pena transcrever o relato acerca de suas vantagens:

> "Um engenheiro alemão que lá havia duvidava muito que aqueles homens de tão fracas aparências dessem conta do recado. [...] Esperava-se, porém, que, à medida que aumentasse a altura dos silos, o perigo do trabalho atemorizasse os improvisados operários [...]. O medo era um fator que não entrava em conta para eles [...]. Mas temia-se ainda um contratempo: quando eles chegarem lá em cima, pensavam alguns, saberão cobrar-se caro: reclamarão um enorme aumento de salário e colocar-nos-ão entre as duas pontas de um dilema — ou atendermos a quantas exigências entenderem fazer, ou veremos a obra

---

[17] "Desprezado a longo tempo pelas elites, o trabalhador brasileiro agora era exaltado pela imprensa e pelos líderes políticos e econômicos como homem operoso e patriota, bem superior ao traiçoeiro e desleal estrangeiro" (Maram, 1979: 66).

128   Trabalho e vadiagem

inacabada. [...] Mas a esperada 'greve' não se declarava. Pelo contrário: os caboclos pareciam mais despreocupados do que nunca. Como não ligavam nenhuma importância ao perigo, não se julgavam com direito a nenhum aumento de salário. [...] [Foi reconhecido então] mais um traço da mentalidade dos [...] colonos: o desapego ao lucro e uma honestidade a toda prova no cumprimento dos contratos, isto é, ausência de espírito de especulação. Se porventura um trabalhador agrícola europeu fosse capaz desta improvisação, faria pagar o seu trabalho a peso de ouro, a força de greves e reivindicações." (Limongi, 1916: 12 e 14)

Nas mensagens parlamentares e nos escritos da grande imprensa, em consonância com os interesses da cafeicultura paulista, surge para o nacional, pária secular de uma vida desprovida de sentido, uma outra humanidade. É a humanidade do trabalho, forjada por um capitalismo que necessita transformá-lo em mão de obra que se submeta e aceite as regras ditadas pelas engrenagens produtivas. Esculpia-se nova imagem do nacional:

"[...] pode ser reputado superior ao europeu, e pelas seguintes razões é um ótimo trabalhador: pela resistência, pela fidelidade aos compromissos, pela capacidade de aprender, pelo espírito de ordem. Sob o peso dessas lúcidas razões, vacilam e se esbarrondam estes preconceitos: o caboclo é fraco, o caboclo é andejo, o caboclo não aprende, o caboclo é desordeiro, enfim, cúpula e resumo do absurdo: o caboclo é indolente." (Limongi, 1916: 19)

Estava em gestação uma mudança radical na ampliação do mercado de trabalho, referente à substituição do estrangeiro pelo nacional. No período coincidente aos anos de 1915-1919

— conforme aponta a Tabela 5 —, o braço nacional totalizava a quinta parte dos imigrantes entrados no estado, enquanto no quadriênio seguinte tal contingente superava 40 mil pessoas, representando 23% dos trabalhadores que ingressaram em São Paulo. Era, então, apenas uma tendência que se revertia e que, a partir de 1930, iria adquirir proporções extremamente volumosas (Morandini, 1978). Estava então sendo fecundada a segunda geração da classe trabalhadora, crescentemente composta de nacionais, processo que acabaria por se realizar anos mais tarde.

Antes que esse processo se efetivasse, nas cidades e, principalmente, na indústria de São Paulo, o braço nacional continuou relegado a uma posição de inferioridade, realizando as tarefas mais aviltadas e mais bem remuneradas. Isto porque, em face de uma economia que se abria lentamente, continuava ponderável o volume de estrangeiros e de seus descendentes. Destarte, reproduziu-se o quadro de exclusão social para o braço nacional, de modo especial para o negro e o mulato, que tinham estampadas na pele todas as arraigadas pechas que se concentravam na sua imprestabilidade para o trabalho; permaneceria enquanto mão de obra de segunda qualidade, sem que com isso deixasse de apresentar utilidade para o sistema produtivo, pois sua presença no cenário urbano pressionava ainda mais para manter os salários aviltados e servia, como os demais grupos étnicos, para desarticular a resistência operária nos momentos de greves. A absorção dos nacionais — inclusive dos negros e mulatos — iria se efetuar quando novos e mais dinâmicos setores da economia urbana, a partir de 1930, necessitaram também desse contingente de trabalhadores. Nesse instante, assim como antes acontecera no mundo agrário, as necessidades econômicas por força de trabalho transformam todos, pretos, brancos e mulatos, nacionais ou estrangeiros, em mercadoria para o capital.[18]

---

[18] "Os pretos gostam todos do Getúlio porque pensam que foi ele

A primeira geração de trabalhadores, majoritariamente composta de estrangeiros nas atividades dinâmicas do campo e da cidade, foi influenciada pelo movimento anarquista. As lutas sociais se arquitetavam por meio da ação direta, a partir de uma concepção de que a insurreição geral dos explorados iria acabar por derrubar os alicerces da exploração capitalista e instaurar uma ordem libertária. Nesse tipo de estratégia revolucionária, imperava a recusa da ação parlamentar ou eleitoral. Mais ainda, imperava a negação de criar organizações partidárias, prevalecendo a esperança no vigor do espontaneísmo das massas enquanto força que saberia demolir a dominação burguesa, substituindo-a por um sistema de igualdade, libertário, sem autoridades.

Malgrado as intensas lutas sociais da Primeira República, as condições de trabalho e remuneração mantiveram-se praticamente inalteradas, e para isso contribui a vasta oferta de braços que servia de pressão para rebaixar os salários e desarticular a resistência operária nos momentos de conflito. A grande maioria daqueles que vieram "fazer a América" não conseguiu escapar de uma situação caracterizada por flagrante pauperismo. Este também passou a ser o destino do trabalhador nacional, quando, por meio das migrações internas, o capitalismo em expansão mobilizou o enorme contingente que historicamente esteve à margem dos processos produtivos essenciais a uma sociedade onde sempre imperou acentuada exclusão socioeconômica e formas de domínio de feições nitidamente autoritárias.

---

que acabou com o preconceito. Mas não foi. É que faltou mão de obra. Se não houvesse falta de mão de obra, os pretos nunca conseguiriam entrar nas fábricas" (depoimento prestado a Fernandes, 1965: 119).

A recuperação da mão de obra nacional

6.
MODO E CONDIÇÃO DE VIDA
DA POPULAÇÃO LIVRE DESPOSSUÍDA[1]

MODO E CONDIÇÃO RURAL DE EXISTÊNCIA

"O Brasil é um país sem povo."[2] A afirmação tem procedência pois, ainda no século XIX, sabe-se que milhões de brasileiros vagaram pelos campos e cidades, e essa população, quando muito, tinha uma inserção apenas marginal na grande lavoura voltada para a produção de açúcar e depois do café. Ante a importância do tema, não tenho dúvidas em afirmar mais uma vez que esse enorme conjunto de pessoas constituiu, de forma crescente, uma espécie de "ralé", no mais das vezes marcada por paupérrima economia de subsistência, que a deixou "sem razão de ser".[3]

Como foi apontado nos capítulos iniciais, ao longo dos tempos formou-se um imaginário social que colocou essa população livre despossuída na categoria de "vadios", e sobre eles desabava a pecha de indigentes, indolentes e desqualificados para o trabalho disciplinado e regular.

O conceito de vadiagem, que ganhou soberba caracterização por meio da visão ideologizada do francês Louis Couty,

---

[1] Novo capítulo redigido em 2019. Ao invés de designar essa população como "ralé", prefiro um nome que não carregue o peso da discriminação. "População livre despossuída" pode designar tanto os trabalhadores brasileiros livres, pobres ou brancos, como os ex-escravos.

[2] Couty, 1881: 63.

[3] Carvalho Franco, 1969: 12.

Modo e condição de vida da população livre despossuída

favorável à continuidade da escravidão, reiterava a percepção dos grandes potentados rurais. Para os fazendeiros, tanto os escravos como os trabalhadores livres eram "[...] vadios, imprestáveis e vagabundos, que só trabalhavam sob a ameaça de extrema força" (Andrews, 1998: 85).

A questão é importante para a compreensão do imaginário social elaborado pelos latifundiários:

> "Em Minas como em São Paulo ou no Rio de Janeiro, clamavam os proprietários e as autoridades contra a ociosidade da população livre que, segundo se dizia, preferia viver no limiar da vadiagem. [...] Vadio, ocioso, eis os qualificativos que se repetem em todos os tempos e por todas as partes." (Viotti da Costa, 1966: 127-8)

A vadiagem, em última instância, situa-se numa dualidade de estilo hamletiano entre o "ser" e o "estar": o primeiro significa, sublinhado pela citação supramencionada, que os assim chamados "vadios" não podiam ser regenerados. Por outro lado, o "estar" significa que ele pode ser metamorfoseado num trabalhador passível de ser inserido no processo:

> "Não, senhores; é preciso esclarecer a inteligência embotada, elevar a consciência humilhada, para que um dia, no momento de conceder-lhe a liberdade, possamos dizer: — Vós sois homens, sois cidadãos. Nós vos remimos não só do cativeiro, como da ignorância, do vício, da miséria, da animalidade, em que jazíeis."[4]

---

[4] José de Alencar, discurso parlamentar de 1871, citado por Barbosa, 1961: 22-3.

Insisto nesta problemática: ao longo da história, durante a Colônia e mesmo durante o Império, os trabalhadores brancos livres foram rejeitados pelo potentado rural, pois ele tinha a seu dispor volumosa oferta de escravos, sempre reposta pelo grande montante de cativos trazidos pelo tráfico negreiro. Como a vida produtiva média dos escravos era de dez a quinze anos, novas levas eram necessárias para levar adiante o processo produtivo: tráfico e escravidão se alimentavam mutuamente. Em consequência, procede a afirmação de que o uso do escravo não se mostrava como a solução ideal, mas era a única alternativa de se levar adiante um sistema que necessitava de volumoso número de braços subjugados através dos mandos e desmandos inerentes ao cativeiro.[5]

Antes de apresentar um rol das ocupações da população branca livre, convém reproduzir algumas cifras já apontadas no capítulo 2, que permitem de modo claro verificar o vertiginoso incremento dos indivíduos livres em nossa sociedade:

Tabela 6
EVOLUÇÃO DA POPULAÇÃO LIVRE
E DOS ESCRAVOS NO BRASIL
(Em mil indivíduos)

Anos	População livre	Escravos	Total
1798	1.666 (51%)	1.582 (49%)	3.248 (100%)
1864	8.530 (85%)	1.715 (15%)	10.245 (100%)

Fonte: Malheiros, 1886.

Pela Tabela 6 verifica-se que entre os anos de 1798 e 1864 o contingente livre aumentou em 6.864 mil pessoas, enquanto o estoque de escravos teve um incremento de apenas 133 mil cativos. Retirando-se a pequena elite senhorial do campo e das cidades, bem como o limitado número de cargos ocupados pe-

---

[5] Cf. Gorender, 1978, cap. 2.

la administração pública e um diminuto estrato de empreendedores, creio não ser arriscado afirmar que o contingente de despossuídos no ano de 1864 não estaria longe de somar a volumosa cifra situada em torno de 7,5 milhões: esta estimativa centra-se no posseiro, no produtor de precária economia de subsistência complementada pela caça e coleta e no andarilho que habitava casebres em estadas temporárias. Mesmo na Província de São Paulo, em 1864, portanto antes do grande fluxo de imigrantes, verifica-se a proporção de cerca de 680 mil livres para 175 mil escravos.

Sem querer ser exaustivo, pode-se mencionar ainda os agregados ou camaradas, e os pequenos proprietários e posseiros. A primeira categoria, via de regra, fornecia força de trabalho em troca de pagamento em espécie. A eles era concedido a limpeza e preparo da terra, bem como a abertura e conservação de estradas e a derrubada de matas.

Ademais exerciam funções não desprezíveis de vigilância e defesa da propriedade, e além disso, deviam total lealdade ao senhor que, por sua vez, os protegia por ocasião dos frequentes conflitos que podiam redundar em atos de violência e até na morte dos envolvidos. Por conseguinte, seu modo e condição de vida eram marcados pela acentuada dependência e marginalização. Em síntese: eram o andar inferior da estrutura econômica e social.

Não raras vezes eram expulsos da propriedade, assim que o potentado agrário, por qualquer motivo, o desejasse.[6] Insisto nesta questão devido a sua importância:

> "Lavrando as piores terras da fazenda e que ainda assim não lhes pertencem, sujeitos ao alvedrio e aos caprichos dos proprietários, os agregados não constroem casas para morar, contentam-se com míseras choupanas, ligeiramente edificadas. Sendo mui-

---

[6] Cf. Gorender, 1978: 289 ss.

to restritas suas necessidades, pois desconhecem os gozos da civilização, não trabalham senão o quanto baste para satisfazê-las."[7]

A seu turno, os pequenos proprietários plantavam e colhiam número diminuto de produtos, eles também marcados por acentuada penúria material e cultural. Finalmente, os posseiros fora dos limites da plantação cultivavam pequenos espaços de terra e caracterizavam-se por indigência espantosa, no limite da sobrevivência, fisicamente degradados, sujeitos nos anos de estiagem à fome no sentido literal do termo. Eram seminômades, andarilhos que penetravam o sertão bravio vivendo da mão para a boca. Seu modo de vida era marcado por drásticas condições de existência. Todos, camaradas, pequenos proprietários e posseiros, caracterizavam-se pela marginalidade econômica, miséria, ignorância, vivendo em mundo cultural pobre, inteiramente dependentes do arbítrio do senhor de terras. Por concessão dos fazendeiros obtinham um pequeno pedaço de terra em troca da prestação de serviços necessários à grande propriedade. Eram também capangas profissionais, cabos eleitorais e tinham por obrigação vigiar os assim chamados "eleitores de cabresto":

> "No campo, imperava livre a autoridade senhorial. O senhor representava a Igreja, a Justiça, a força política e militar. Seu domínio era sem limites, a benevolência, a austeridade, assim como a crueldade tinham ampla oportunidade para agir." (Viotti da Costa, 1966: 241)

Resta analisar um aspecto importante no cotidiano da população livre despossuída: a violência. Neste particular apoio-

---

[7] Relatório do inspetor-geral de imigração Frederico Abranches, de 1887, citado por Beiguelman, 1978: 100.

Modo e condição de vida da população livre despossuída

-me nos seminais escritos relativos à presença dos homens livres no Vale do Paraíba fluminense e paulista durante o correr do século XIX. Retenho-me a esse aspecto crucial do seu modo e condição de vida: o uso da força e da agressão. Em outros termos: a violência é corriqueira, constantemente presente e incorporada nos valores dos brancos livres despossuídos. Ofensas, difamações, provocações, ultrajes ou disputas, por menores que sejam, exigem sempre revide. Se por acaso este não ocorre, o difamado, provocado ou desafiado passa a ser considerado um indivíduo inferior, covarde, porque carece de valores considerados fundamentais: a coragem, o destemor e a valentia. A violência como moralidade está no cerne do assim chamado "código do sertão".

Nesse rígido quadro de submissão, a revolta, quando existente, não conduz a parte alguma: ela é individual, solitária e isolada. Ela não almeja nem é conduzida para a trilha de contestação da ordem senhorial-escravocrata. Trata-se de uma consciência que não enxerga aquele que se encontra na mesma situação de subalternidade, nem, muito menos, o outro a que ele se opõe. Neste quadro social esmagado pela opressão, a revolta só poderia dirigir-se para eliminar o seu igual. Para os livres despossuídos, o destino não pode ser outro que o da exclusão e submissão.

Resta uma questão para caracterizar os livres despossuídos. Como já foi apontado, eles se caracterizavam pelo destemor em revidar ofensas e em fazer uso da violência. Assim, não se pode negar a energia necessária para o enfrentamento e para responder às agressões. Em consequência, tudo leva a crer que seria errôneo designá-los como preguiçosos: o uso da força, por exemplo, requer iniciativa e energia, que é em todos os sentidos o contraponto da apatia e da inanição.

Os imigrantes

A importação de mão de obra pelos grandes potentados do café introduz um novo elemento na configuração do sistema produtivo. Ele é fruto de um vasto empreendimento, como foi apontado no capítulo 4, em que foram injetados vultosos recursos a fim de subsidiar a vinda dos imigrantes, inicialmente do norte da Itália, da região do Vêneto, e do sul daquele país, da Calábria e da Sicília, depois da Espanha, e, a partir de 1915, do Japão. Em 1900, 50% dos habitantes da cidade de São Paulo eram italianos: nos bairros centrais da capital, nesta época, ouvia-se mais o calabrês e o siciliano do que o português. Mas em 1903, dada a situação espoliativa da produção do café, o governo italiano proíbe seus cidadãos de viajar usando os subsídios que a Província, depois o Estado de São Paulo, promovia para trazer braços estrangeiros.

Através da Sociedade Promotora de Imigração, chegaram ao porto de Santos entre 1890 e 1914 cerca de 1,5 milhão de europeus, dos quais quase dois terços com passagens pagas, encaminhados através da Hospedaria de Imigrantes para as grandes propriedades produtoras de café: a imigração líquida para o Estado de São Paulo no período foi de 600 mil pessoas.[8]

Entre 1893 e 1915 estimou-se que a mão de obra necessária para o cultivo de café era de 216 mil trabalhadores e, nesse período, criou-se um excedente de mais de 300 mil braços.[9] Em consequência, a importação massiva de imigrantes produziu um vasto reservatório de mão de obra, condição estrutural que serviu tanto para desarticular as mobilizações daqueles que levavam adiante o sistema produtivo como para constituir um forte processo de rebaixamento dos níveis salariais.

---

[8] Número calculado segundo dados transcritos por Michael M. Hall, *The Origins of Mass Immigration in Brazil, 1871-1914*, Columbia University, 1969, em Fausto, 2016: 39.

[9] Holloway, 1974: 256.

Modo e condição de vida da população livre despossuída

O estoque de mão de obra passou a ser constantemente renovado também nos tempos republicanos, alimentando a disponibilidade de braços para o cultivo do café e para a economia urbana e industrial da metrópole.

Torna-se evidente que este vasto contingente humano chegou ao porto de Santos previamente expropriado, pois não tinha recursos para comprar um lote de terra ou adquirir e desenvolver algum pequeno negócio na cidade. Recorde-se a frase do cafeicultor Martinho Prado: "Imigrantes com dinheiro não são úteis para nós".[10]

Em consequência, a partir de 1888 estruturou-se uma nova inserção regional de trabalhadores no plantio e cultivo do café: de um lado, os imigrantes dirigiam-se para o Oeste Novo de São Paulo, em direção a Ribeirão Preto, região de grande produtividade, enquanto para a região do Vale do Paraíba fluminense e paulista, bem como para o Oeste Velho, áreas decadentes, a mão de obra foi provida pelos assim chamados trabalhadores brancos nacionais, que funcionaram também como uma reserva de mão de obra nas zonas de transição entre o Velho e o Novo Oeste Paulista.

Ao elemento negro restou as zonas mais decadentes de São Paulo e do Rio de Janeiro. Sem dúvida, "os homens de cor", depois de 1888, permaneceram nos estratos mais baixos da aguda pirâmide social brasileira. Muitos voltaram para as fazendas onde, antes de 1888, trabalharam na condição de escravos, locais onde ainda imperava a dureza do trabalho nas lavouras, mesmo que sem os horrores inerentes ao cativeiro.

Haveria outro caminho para aqueles que foram submetidos à múltiplas violências no percurso dos séculos da história brasileira? Não obstante o tema já ter sido tratado nos capítulos anteriores, não tenho dúvidas em insistir nesse ponto para bem entender o enquadramento dos ex-cativos neste espoliativo processo que continuava a marcar seu modo e condição de

---

[10] Citado por Hall (1969: 102, tradução minha).

vida: reduziam "o escravo à condição de *coisa* [...] equiparavam a energia humana de trabalho à força bruta animal".[11]

Em outras palavras: antes da Abolição, o negro trabalhava durante quinze ou até dezoito horas na jornada diária realizada sob o chicote do feitor e, de noite, dormia amontoado em senzalas sem ventilação, que mais pareciam o confinamento das prisões. O cativeiro para eles, como já foi assinalado na curta e direta assertiva de Robert Avé-Lallemant, significava "sova e tronco". E muito mais: significava soterrar seu corpo bem como suas aspirações, domesticar seus sentimentos, anseios e desejos, enfim, aniquilar sua humanidade, destruir sua pessoa enquanto ser humano. Para as escravas, além de tudo, submeter seu sexo.

Sublinho que muito pode ser afirmado da existência itinerante da população livre despossuída e dos ex-cativos, mas que essa existência nada tem de irracional. Tratava-se de uma racionalidade possível, condicionada por um mundo material e cultural marcadamente empobrecido que só poderia conduzir à marginalização social e econômica.

Nos anos posteriores à Abolição, o contexto histórico é marcado por sucessivos rebaixamentos salariais e longas jornadas de trabalho regidas pelo arbítrio patronal. Mas, em contrapartida, ocorre também a resistência, a luta dos trabalhadores e, sobretudo, a universalização dos rendimentos provenientes do salário.

Modo e condição urbana de existência

Em São Paulo reproduz-se a pirâmide social das ocupações apontadas para o Vale do Paraíba fluminense e paulista, bem como o que sucedeu no Oeste Novo e no Oeste Velho. Nesse contexto, coube ao elemento negro as tarefas mais degradadas

---

[11] Bastide e Fernandes, 1971: 110.

e mal remuneradas que os brancos nacionais e estrangeiros rejeitavam fazer. Paupérrimos, vivendo de pequenos expedientes, o "homem de cor" foi marcado por vasta dose de anomia, sofrendo não raras vezes de situações de mendicância, parasitismo, alcoolismo e prostituição.

Faço minhas as palavras desta longa citação:

"Dois terços, presumivelmente, da população negra e mulata da capital e quase a metade da mesma população no âmbito do Estado de São Paulo se condenaram, ao longo do primeiro quartel do nosso século, aos percalços das duas opções extremas. Essa autocondenação ao ostracismo, à dependência e à destruição pode ser vista como um *protesto mudo* ou como um efeito suicida dos complexos de *desilusão social* [...]. Em síntese: a escola da escravidão não formou, apenas, o agente do trabalho escravo: deformou-o." (Fernandes, 1965: 30, 32)

Penso ser importante detalhar as várias ocupações que restaram para os ex-escravos na cidade: lavar casas, carregar lenha e outras cargas, puxar carrocinhas, trabalhar como carregadores, engraxates, limpadores de quintal, de automóveis. Quanto às mulheres negras, concentravam-se nos empregos domésticos, trabalhando desde muito cedo até altas horas da noite.

Quanto aos imigrantes, seu contrato de trabalho no mais das vezes era por um ano, e a maioria não teve condições de comprar um lote de terra a fim de tentar um processo de ascensão social. Em consequência, ponderável parcela veio para São Paulo para tentar, como se dizia na época, *fare l'America*. Além dos imigrantes que se estabeleceram no interior, parte daqueles que atravessaram o Oceano Atlântico pagando suas próprias passagens vieram diretamente para a cidade.

Esses são os principais fatores que explicam o rápido crescimento da cidade, conforme mostra a Tabela 7 a seguir:

Tabela 7
SÃO PAULO: CRESCIMENTO DA POPULAÇÃO
(Taxa Anual de Crescimento Geométrico)

Anos	População	TACG	Incremento
1890	65.000	-	-
1900	240.000	9,03	175.000
1920	580.000	4,51	340.000

Fonte: IBGE, Censos Demográficos de 1890, 1900 e 1920.

São Paulo: as camadas abastadas

A partir de 1890 São Paulo passa a ter um incremento demográfico vertiginoso, que coincide com o início da industrialização e urbanização da capital: abre-se um novo e crescente leque econômico, gerando oportunidades de investimentos. Um novo cenário se esboça, com o surgimento de um proletariado industrial. O apito das fábricas de tecidos regula a entrada e saída da mão de obra em meio a uma jornada de trabalho que varia de 8 a 16 horas diárias.

A face perversa desta explosão demográfica é constituída pela carência de habitações, provocando a partir de 1890 intensa crise urbana. O resultado, como será detalhado nas páginas subsequentes, só poderia ser que a maioria dos imigrantes e dos brancos brasileiros pobres, bem como os negros e mulatos, tiveram como destino morar nos infectos e promíscuos cortiços de São Paulo.

Desde os estertores do século XIX articula-se um perverso processo de crescimento e pobreza. O incremento da riqueza configura-se, entre outros locais, nas Indústrias Matarazzo no Brás, no cotonifício Crespi na Mooca, na tecelagem Jafet no bairro do Ipiranga, e no lanifício Kowarick em São Bernardo, todos sobrenomes estrangeiros, das famílias que possuíam as maiores indústrias têxteis da época. Dentre elas, destacam-se as Indústrias Reunidas Fábricas Matarazzo (IRFM), na época

Modo e condição de vida da população livre despossuída   143

o conglomerado fabril mais importante do país. Esse é o lado vitorioso de uma cidade que abre um extenso horizonte para os investimentos econômicos: é a São Paulo dos vencedores, das camadas da população localizadas no patamar mais alto da estratificação social e econômica.

O primeiro local da cidade a concentrar as famílias abastadas foi o bairro de Campos Elíseos, nome que já demonstra o empenho na imitação de Paris no auge de sua *Belle Époque*. Havia vários teatros, mas, por sua importância, destaca-se o Teatro Municipal, cópia diminuta da Ópera de Paris:

> "[...] o fascínio cultural que a França exercia sobre as elites do país era de tal ordem que houve até quem tivesse considerado São Paulo uma cidade francesa sob certos aspectos." (Homem, 1984: 2 ss.)

A seguir é ocupado o bairro de Higienópolis, a "cidade da higiene", e em 1900 várias residências já se encontram na avenida Paulista: lá residem o conde Francesco Matarazzo, num suntuoso palacete, e o conde Rodolfo Crespi. A irônica citação que segue tem fundamento na realidade, com o registro de onde podiam ser encontrados os "ítalo-brasileiros":

> "[...] na avenida Paulista, onde se erguiam palacetes de imigrantes italianos endinheirados, muitos deles mais ricos que os fazendeiros de café, ostentando títulos de *cavaglieri ufficiale*, comendadores e até (*per Baccho!*) de condes papalinos." (Barbosa, 1961: 41)

A antiga estirpe paulistana também aí se localiza: entre outros, o barão de Três Rios e as baronesas de Souza Queiroz e de Arari. Na região central, menção especial deve ser feita ao Prédio Martinelli, o mais luxuoso da cidade, com trinta andares e altura de 150 metros, na época o maior edifício da América Latina. Reunia um hotel de luxo, *night clubs*, restaurantes e cinema, e na sua inauguração vieram pessoas ilustres do Bra-

sil e do exterior: cartão-postal da cidade, constituía o pomposo orgulho de uma São Paulo que se verticalizava, e sua altura simbolizava a ascensão vitoriosa de alguns imigrantes.

A prefeitura continuava nas mãos da elite tradicional: o barão de Duprat inaugurou várias obras no centro da cidade entre 1910 e 1914, como o alargamento de ruas e a derrubada de antigos casarões que abrigavam cortiços. Foi um empreendimento que valorizou substancialmente as áreas centrais da capital, levando a um grande aumento dos aluguéis e à consequente expulsão das camadas mais pobres. As antigas ruelas eram demasiado estreitas para conter o imperioso fluxo das fortunas que imprimiam no coração de São Paulo uma nova configuração de classes. As lutas pelo espaço urbano não só revelavam um novo estilo arquitetônico, mas também, e sobretudo, uma forma de domínio que transformava a metrópole em fonte de especulação e de lucro.

Especulação e lucro, mas não só isto, em face da incômoda frequência de diversas epidemias — tuberculose, febre tifoide, febre amarela, varíola, peste bubônica etc. — que assolavam os bairros onde predominavam cortiços. Em consequência, mostrou-se necessário atuar sobre os moradores que viviam em cubículos: daí o empenho dos órgãos públicos — através de discursos higienistas oriundos da medicina da época, que se referiam ao "excesso de população" — em "limpar a cidade da sujeira" e promover a "saúde urbana" de São Paulo.

A polícia sanitária invadia os domicílios para aplicar a vacina obrigatória contra a febre amarela. Seu sentido é também controlar a moralidade daqueles que habitam os "infectos cortiços", sobretudo porque o vírus das epidemias era associado ao "vírus do anarquismo", responsável pelas inúmeras greves que ocorreram nos vinte primeiros anos do século XX, especialmente a conjuntura entre 1917 e 1920 que marca a ascensão e queda do movimento anarquista.[12]

---

[12] Cf. Fausto, 2016, terceira parte, "A conjuntura (1917-20)".

Nos principais ramos econômicos os trabalhadores eram majoritariamente de origem estrangeira, e apenas 10% eram nacionais:

> "O censo de 1893 da cidade de São Paulo mostrou que 72% dos empregados no comércio, 79% das trabalhadores das fábricas, 81% dos trabalhadores do setor de transportes e 86% dos artesãos eram estrangeiros. Uma fonte de 1902 estimou que a força de trabalho na capital era composta de 90% de imigrantes." (Andrews, 1998: 111-2)

Na São Paulo de 1920, metade da mão de obra presente na indústria era estrangeira, número que se eleva substancialmente quando levamos em conta que muitos brasileiros eram filhos de imigrantes. Em 1931 Getúlio Vargas promulga uma nova lei, estipulando que dois terços dos trabalhadores deveriam ter nacionalidade brasileira, uma obrigatoriedade que demonstra a resistência do patronato em contratar a mão de obra nacional.

De fato, as empresas na sua maioria só contratavam estrangeiros, desprezando a mão de obra nacional e, sobretudo, a população negra. Nesse sentido, é notável o depoimento de uma mulher rica, de origem italiana: "Meu pai, na sua fábrica, não aceita operários negros, salvo para trabalhos pesados, que os brancos não querem fazer".[13]

São Paulo: os estratos empobrecidos

As condições de trabalho da época são desvendadas de modo patente quando se penetra no interior das fábricas. To-

---

[13] Bastide e Fernandes, 1971: 157.

Modo e condição de vida da população livre despossuída   147

mo como exemplo o Cotonifício Mariângela, em 1907, então a mais importante unidade fabril das IRFM, que houve por bem diminuir o tamanho dos teares a fim de adaptá-los para o trabalho de menores:

"[...] onde o suplício dos operários atingiu o cúmulo inquisitorial é na fábrica de tecidos de São Paulo [...] os teares e as máquinas nunca param nem de dia nem de noite. Os homens [...] trabalham 16 horas por dia [...] e as mulheres [...] 14, 12, 11 horas por dia [...]. As crianças das lançadeiras, de ambos os sexos, de 8 a 12 anos [...] trabalham das 5 da tarde às 6 da manhã, com uma hora de intervalo, sob a vigilância dos guardas. A certa altura da noite quase todas essas crianças [...] meio mortas de fadiga e de fome, caem a dormir: então o encarregado acorda-as e manda-as retornar ao trabalho. [...] Os contramestres na fábrica têm carta branca, podem bater nos seus subordinados ou despedi-los."[14]

Multas, diminuição de salários, mudanças de horário de trabalho e até mesmo espancamentos eram práticas utilizadas pelos potentados fabris. Almejavam o aumento dos lucros, mas, sobretudo, desarticular qualquer organização e mobilização do operariado. Os regulamentos fabris que norteavam as relações entre o capital e o trabalho eram frequentemente alterados a partir do desígnio e arbítrio dos proprietários.[15] Não houve,

---

[14] *A Terra Livre*, São Paulo, 23/2/1907. É preciso insistir na questão referente à jornada de trabalho: no Cotonifício Crespi, segundo um periódico da época, "as crianças trabalham 12, 13, 14 horas no período noturno", local onde "o relógio que marca a tarefa não funciona bem" (*O Combate*, São Paulo, 4/9/1917).

[15] *A Plebe*, São Paulo, 18/5/1914. Por sua importância, repita-se: numa indústria têxtil situada em Sorocaba — a Pereira Inácio —, a dire-

pelo menos até 1920, mediações coletivas que dessem rumo às negociações entre os trabalhadores e os patrões. Ao contrário, imperava o que pode ser chamado de anarquia do capital, e ser definido como autoritarismo privativo: cada potentado alterava a seu gosto as normas das condições de trabalho dos operários de sua empresa.

Não obstante a diferença nos níveis salariais apontada por diversos autores, a literatura tende a atribuir a um trabalhador adulto a remuneração, em média, de 100$000 por mês, enquanto uma operária auferia cerca de 75$000 e os menores não ultrapassavam 50$000, tendo em conta um jornada de 25 dias de labuta por mês.

Por outro lado, estimava-se que, em torno de 1910, a construção de uma residência custaria 900 contos de réis e, em consequência, seu valor de aluguel ficava em torno de 76$500 mensais, montante incompatível para a maioria dos trabalhadores. Esta era a realidade de um trabalhador adulto do sexo masculino: tendo em conta outros gastos, mesmo se acrescentasse filhos menores no processo produtivo, o rendimento familiar se mostrava insuficiente para alugar uma casa higiênica e unifamiliar.

Estes dados são importantes para explicar por que as famílias proletárias, na sua maioria, não tinham outra opção a não ser morar nos infectos cortiços da cidade: o aluguel de uma casa unifamiliar atingia o montante de 65$000 a 85$000 por mês. Por sua vez, um cubículo nas áreas centrais da cidade era alugado por um valor entre 25$000 a 30$000. Os jornais anarquistas denunciavam, já no final do século XIX, "a ganância dos proprietários de imóveis [...] a arbitrariedade e a ex-

---

ção da empresa notificou que "a partir daquela data os operários deveriam trabalhar 15 horas de dia alternando com 15 horas de noite". Cf. *A Terra Livre*, São Paulo, 22/1/1907. Quanto às frequentes multas, "variam de 2$000 a 50$000 por uma insignificância". Cf. *Fanfulla*, São Paulo, 2/4/1906.

ploração destes canalhas [...] que sugam o povo com aluguéis extorsivos".[16]

As constantes reclamações revelavam um quadro que se traduz na falta de água, no lixo e na sujeira que se avolumam, causando um odor fétido que penetra nos cortiços nas frequentes inundações, nas ruas imundas de lama e poeira que se sucedem em bairros como Brás, Mooca, Cambuci, Bom Retiro, Bela Vista, Pari, Barra Funda e Belenzinho, onde predomina a moradia em cubículos minúsculos.

Este modo e condição de vida revela sua real dimensão quanto se tem em conta que grande parte da população de baixos rendimentos habitava cômodos caracterizados pela mistura de idade e sexo, utilizados tanto para dormir como para alimentar-se ou procriar. Neles a densidade habitacional é muito maior do que numa unidade habitacional "unifamiliar e higiênica". Assim, não parece descartado o fato segundo o qual a maioria da população de São Paulo encontrava-se na contingência de morar em pocilgas marcadas pelo desconforto e promiscuidade; e aos negros e mulatos, no mais das vezes, destinavam-se os cubículos sem ventilação, situados no porão dos grandes casarões transformados em casas de cômodos.

Habitar em cortiços significava total falta de privacidade, com muitas pessoas vivendo em cada cômodo. Predominavam os espaços de uso coletivo, tais como lavagem e secagem de roupas, e, não raras vezes, havia um único chuveiro e privada para várias famílias, o que trazia o desgaste de longas filas para fazer uso desses equipamentos sanitários.

Recorro à citação de um órgão do governo do Estado de São Paulo:

> "80% [da população morava] em habitação coletivas [...] [prevalecia o] esforço imposto a organismos já frágeis, oferecendo terreno favorável a assal-

---

[16] *Avanti*, São Paulo, 19/1/1900.

Modo e condição de vida da população livre despossuída   151

tos da tremenda peste. [...] casas [unifamiliares e higiênicas] há muitas, mas quem mora nelas não são os operários e pequenos empregados [...] [estes] moram em cortiços."[17]

Apesar de não haver pesquisas sobre o montante da população moradora em cortiços, o número citado acima tem fundamento na realidade vivida por vasto contingente urbano. Lembramos que já em 1893 um relatório contundente apontava as condições de vida nos cortiços:

"[...] é preciso cuidar da habitação onde se acumula a classe pobre, a estalagem onde pulula a classe operária: o cortiço. [...] essas construções acanhadas, insalubres, repulsivas algumas, onde as forças vivas do trabalho se ajuntam em desmedida, fustigadas pela dificuldade de viver numa quase promiscuidade que a economia lhes impõem, mas que a higiene repele [...]. Medidas urgentes devem ser tomadas para conter a exploração gananciosa dos que locam e sublocam prédios sem a mínima atenção às leis da moral e à vida dos seus inquilinos."[18]

Dez anos depois o tema continuava em pauta:

"[...] a tuberculose ceifa suas vítimas, a insuficiência de ar e de luz, o dia a dia com numerosas pessoas em ambientes muito pequenos, mal ventilados, úmidos e baixos [...] gente reduzida a aglomerar-se em dez ou doze pessoas em um ou dois cômodos por-

---

[17] *Relatório da Liga Paulista contra a Tuberculose*, apresentado pelo Dr. Clemente Ferreira, São Paulo, 1911, p. 4.

[18] *Relatório de Exame e Inspeção das Habitações Operárias do Distrito de Santa Efigênia*, São Paulo, 1893.

que os ganhos escassos e o crescimento dos aluguéis não permite que tenham meios para alargar-se um pouco. [À noite, quando] se recolhe todo o exército de quem trabalha e produz, as moradias coletivas e os cortiços se transformam em verdadeiros pombais humanos, onde se vive numa promiscuidade de gente de ambos os sexos e das mais variadas idades."[19]

Em síntese: o capitalismo em formação na cidade de São Paulo utilizou o cortiço para rebaixar um item fundamental — a moradia — no custo de reprodução da força de trabalho. Esse processo permitiu ao patronato acelerar a acumulação de capital com os baixos salários, frequentemente deprimidos, dinamizando seu lucro por meio da assim chamada mais-valia absoluta.

Neste contexto social e econômico cabe a pergunta: quais são as modalidades da Revolução Burguesa que se instalam na sociedade brasileira, particularmente em São Paulo, com o desenvolvimento de um capitalismo que articula, como já assinalado, crescimento e pobreza?[20] É possível afirmar que a sociedade de classes em formação a partir de 1888 reproduz uma forte herança do passado, de cunho marcadamente senhorial, isto é, com os mandos e desmandos inerentes ao autoritarismo privatista. Tudo indica que em larga medida persistiu um legado estamental. Ou seja: o processo de modernização da econo-

---

[19] *Fanfulla*, São Paulo, 23/3/1906. Repiso a questão por ser ela básica para se compreender o modo e condição de vida da maioria das famílias pobres de São Paulo nas primeiros anos da década de 1920: "[...] depois da gripe (espanhola) era de se esperar que nossas autoridades não perdessem de vista os cortiços, e exigissem de seus proprietários uma higiene rigorosa. Entretanto nada ou quase nada foi feito nesse sentido. Os cortiços continuam a aumentar em número [...] pomposamente denominados de 'vilas' e dando rendimentos fabulosos a seus proprietários" (*O Estado de S. Paulo*, 4/2/1921, p. 3).

[20] Cf. Kowarick e Brant, 1980, cap. 2.

mia e da sociedade reproduz elementos retrógrados inerentes a um espectro com coloridos escravistas. Sem dúvida, há inovação, mas ela é pobre na medida em que constrói uma pirâmide social que exclui vastas camadas dos benefícios gerados pela economia e pela sociedade.

Com a palavra o sociólogo que é professor de todos nós, Florestan Fernandes:

"[...] os dinamismos sociais [...] concorrem para manter ou preservar 'o passado no presente', fortalecendos elementos arcaicos em vez de destruí-los. [...] Mas a transformação [da Revolução Burguesa] [...] não foi tão acentuada a ponto de forçar a destruição dos últimos baluartes vivos do 'complexo econômico colonial' e do 'antigo regime'." (Fernandes, 1975: 127, 245)

Modo e condição de vida da população livre despossuída

REFERÊNCIAS BIBLIOGRÁFICAS

ALMEIDA, Furquim de. "Carestia", *in* STEIN, Stanley, *Vassouras: A Brazilian Coffee Country (1850-1950)*. Cambridge: Harvard University Press, 1957.

ANDREWS, George Reid. *Negros e brancos em São Paulo (1888-1988)*. São Paulo: Edusc, 1998.

Avanti, São Paulo, 19/1/1900.

BANDEIRA JR., Antonio Francisco. *A indústria no Estado de São Paulo em 1901*. São Paulo: Tipografia do Diário Oficial, 1901.

BASTIDE, Roger; FERNANDES, Florestan. *Brancos e negros em São Paulo*. São Paulo: Companhia Editora Nacional, 1971, 3ª ed.

BALAN, Jorge. "Migração e desenvolvimento capitalista no Brasil: ensaio de interpretação histórico-comparativa", *in* BALAN, Jorge (org.), *Centro e periferia no desenvolvimento brasileiro*. São Paulo: Difel, 1974.

BARBOSA, Francisco de Assis. "Notas sobre Antônio de Alcântara Machado". In: Antônio de Alcântara Machado, *Novelas paulistanas*, São Paulo: José Olympio, 1961.

BASTIDE, Roger; FERNANDES, Florestan. *Brancos e negros em São Paulo*. São Paulo: Companhia Editora Nacional, 1971, 2ª ed.

BEIGUELMAN, Paula. *A formação do povo no complexo cafeeiro*. São Paulo: Pioneira, 1978, 2ª ed.

BETHELL, Leslie. *A abolição do tráfico de escravos no Brasil: a Grã-Bretanha, o Brasil e a questão do tráfico de escravos, 1807-1869*. Rio de Janeiro/São Paulo: Expressão e Cultura/Edusp, 1976.

Boletim da Diretoria de Terras, Colonização e Imigração. São Paulo, nº 1, out. 1937.

Boletim do Departamento Estadual do Trabalho. São Paulo, Secretaria da Agricultura, Comércio e Obras Públicas, 1916, 1919 e 1924.

BUARQUE DE HOLANDA, Sérgio. "Prefácio do tradutor", *in* DAVATZ, Thomaz. *Memórias de um colono no Brasil*. São Paulo: Martins, 1972.

_____. *Raízes do Brasil*. Rio de Janeiro: José Olympio, 1976, 10ª ed.

CAMARGO, José Francisco. "O crescimento da população no Estado de São Paulo e seus aspectos econômicos", *Boletim 153*, São Paulo, Economia e História das Doutrinas Econômicas, nº 1, vol. 1, 1952.

CANDIDO, Antonio. *Os parceiros do Rio Bonito*. São Paulo: Livraria Duas Cidades, 1979, 2ª ed.

CANO, Wilson. *Raízes da concentração industrial em São Paulo*. São Paulo: Difel, 1977.

CARDOSO, Fernando Henrique. *Capitalismo e escravidão no Brasil meridional*. São Paulo: Difel, 1962.

_____. "Condições sociais da industrialização em São Paulo", *in Mudanças sociais na América Latina*. São Paulo: Difel, 1969.

_____. "Classes sociais e história: considerações metodológicas", *in Autoritarismo e democratização*. Rio de Janeiro: Paz e Terra, 1975.

CARDOSO DE MELLO, João Manuel. *O capitalismo tardio*. São Paulo: Brasiliense, 1982, 2ª ed.

CARVALHO FRANCO, Maria Sylvia. *Homens livres na ordem escravocrata*. São Paulo: Instituto de Estudos Brasileiros/USP, 1969.

CLUBE DE LAVOURA. *Relatório de 1880*. Campinas.

O Combate, São Paulo, 4/9/1917.

CONRAD, Robert. *Os últimos anos da escravidão no Brasil*. Rio de Janeiro: Civilização Brasileira, 1975.

Correio Paulistano, São Paulo, 9/8/1902.

COTRIM, Joaquim José Torres. *Relatório apresentado pelo Chefe da Comissão de Desinfecção da Província de São Paulo*. São Paulo: Câmara Municipal de São Paulo, 1893.

COUTY, Louis. *L'Esclavage au Brésil*. Paris: Guillaume et Cie., 1881.

_____. *Le Brésil en 1884*. Rio de Janeiro: Faro & Lino, 1884.

DAVATZ, Thomaz. *Memórias de um colono no Brasil*. São Paulo: Martins, 1972.

DEAN, Warren. "Latifundia and Land Policy in Nineteenth-Century Brazil", *Hispanic American Historical Review*, vol. 51, nº 4, nov. 1972.

_____. *Rio Claro: um sistema brasileiro de grande lavoura (1820-1920)*. Rio de Janeiro: Paz e Terra, 1977.

DENIS, Pierre. *Brazil*. Londres: T. Fischer, 1911.

O Estado de S. Paulo, São Paulo, 4/2/1921.

Fanfulla, São Paulo, 23/3/1906 e 2/4/1906.

FAUSTO, Boris. *Trabalho urbano e conflito social (1890-1920)*. São Paulo: Difel, 1976.

_____. *Trabalho urbano e conflito social (1890-1920)*. São Paulo: Companhia das Letras, 2016, 2ª ed.

FERNANDES, Florestan. *O negro no mundo dos brancos*. São Paulo: Difel, 1962.

_____. *A integração do negro na sociedade de classes*. São Paulo: Dominus, 1965.

_____. *A revolução burguesa no Brasil: ensaio de interpretação sociológica*. Rio de Janeiro: Zahar, 1975.

FERRAZ, Luiz. "Localização dos trabalhadores nacionais", Relatório ao Secretário de Estado dos Negócios da Agricultura, Comércio e Obras Públicas. *Boletim do Departamento Estadual do Trabalho*. São Paulo, VI, nº 22, 1917.

FIGUEIRA, Pedro de Alcântara; MENDES, Claudinei Magno. "Introdução", *in* BENCI, George, *Economia cristã dos senhores no governo dos escravos*. São Paulo: Grijalbo, 1977.

FOERSTER, Robert F. *The Italian Immigration of Our Time*. Nova York: Russel & Russel, 1919.

FURTADO, Celso. *Formação econômica do Brasil*. Rio de Janeiro: Fundo de Cultura, 1959.

GALLOWAY, I. M. "The Last Years of Slavery in the Sugar Plantations of Northeastern Brazil", *Hispanic American Historical Review*, vol. 51, nº 4, nov. 1971.

GENOVESE, Eugene D. *The World Slaveholders Made*. Nova York: Pantheon Books, 1969.

GORENDER, Jacob. *O escravismo colonial*. São Paulo: Ática, 1978.

GOULART, Maurício. *A escravidão africana no Brasil, das origens à extinção do tráfico*. São Paulo: Alfa-Omega, 1975, 3ª ed.

GRAHAM, Richard. "Mauá and Anglo-Brazilian Diplomacy", *Hispanic American Historical Review*, vol. 92, nº 2, maio 1962.

_____. *Grã-Bretanha e o início da modernização no Brasil, 1850-1914*. São Paulo: Brasiliense, 1973.

Referências bibliográficas

GRAHAM, Douglas H.; BUARQUE DE HOLANDA FILHO, Sérgio. *Migration, Regional and Urban Growth and Development in Brazil: A Selective Analysis of the Historical Record, 1872-1910*. São Paulo: IPE-USP, 1971.

GREENHILL, Robert G. "British Export Houses: Techniques of Control, 1850-1914", *Working Papers*, n° 6, Center of Latin American Studies, University of Cambridge, 1970.

GUIMARÃES, Alberto Passos. *Quarto século de latifúndio no Brasil*. Rio de Janeiro: Civilização Brasileira, 1964.

HALL, Michael. *The Origins of Mass Immigration in Brazil, 1871-1914*. PhD Thesis, Faculty of Political Science, Nova York, Columbia University, 1969.

_____. "The Italians in São Paulo", Annual Meeting of the American Historical Association, mimeo, 1971.

HOLLOWAY, Thomas Halsey. "Migration and Mobility: Immigrants as Labourers and Landowners in the Coffee Zone of São Paulo, Brazil, 1886-1934", University of Wisconsin, mimeo, 1974.

HOMEM, Maria Cecília Naclério. *O Prédio Martinelli: a ascensão do imigrante e a verticalização de São Paulo*. São Paulo: Projeto, 1984.

IANNI, Octavio. *As metamorfoses do escravo*. São Paulo: Difel, 1962.

_____. "O processo econômico e o trabalhador livre", *in* BUARQUE DE HOLANDA, Sérgio (org.), *História geral da civilização brasileira — O Brasil monárquico*, tomo II, vol. 3. São Paulo: Difel, 1976a, 3ª ed.

_____. *A classe operária vai ao campo*. São Paulo, Caderno CEBRAP, 24, 1976b.

IBGE (Instituto Brasileiro de Geografia e Estatística), Rio de Janeiro, Censos Demográficos de 1890, 1900 e 1920.

KLEIN, Herbert S., "Nineteenth Century Brazil", *in* COHEN, D. W.; GREEN, J. P. (orgs.), *Neither Slave nor Free*. Baltimore/Londres: The Johns Hopkins University Press, 1972.

KOWARICK, Lúcio; BRANT, Vinicius Caldeira. *São Paulo, 1975: crescimento e pobreza*. São Paulo: Loyola, 1980, 4ª ed.

LAERNE, C. F. van Delden. *Brazil and Java: Report on Coffee-Culture in America, Asia and Africa*. Londres: W. H. Allen, 1885.

LEME, André Betim Paes. "Contribuição para o estudo de adaptação dos cearenses como colonos nas lavouras de São Paulo", *Boletim do Departamento Estadual do Trabalho*, São Paulo, n°s 34 e 35, ano VII, 1919.

LEVY, Maria Stela F. "Papel da imigração internacional na evolução da população brasileira (1872-1972)", *Revista de Saúde Pública*, São Paulo, n° 8, 1974.

LIMA, Ruy Cirne. *Pequena história territorial do Brasil: sesmarias e terras devolutas*. Porto Alegre: Sulina, 1954, 2ª ed.

LIMONGI, João Papaterra. "O trabalhador nacional: relatório de uma visita ao estabelecimento agrícola dos trappistas em Tremembé", *Boletim do Departamento Estadual do Trabalho*, vol. 5, n° 20, São Paulo, Secretaria de Agricultura, Comércio e Obras Públicas, 1916.

_____. *Economia política e finanças*. São Paulo: Companhia Editora Nacional, 1934.

LOWRIE, Samuel H. K. *Imigração e crescimento da população no Estado de São Paulo*. São Paulo: Escola de Sociologia e Política, 1938.

MALHEIROS, Agostinho Marques Perdigão. *A escravidão no Brasil*. Rio de Janeiro: Tipografia Nacional, 1866.

MARAM, Sheldon Leslie. *Anarquistas, imigrantes e o movimento operário no Brasil*. Rio de Janeiro: Paz e Terra, 1979.

MARTINS, José de Souza. *O cativeiro da terra*. São Paulo: Livraria Editora Ciências Humanas, 1979.

MARX, Karl. *O Capital*. Rio de Janeiro: Civilização Brasileira, 1980, 5ª ed.

_____. *O Capital*. Rio de Janeiro: Paz e Terra, 1987, 3ª ed.

MATOS, Odilon Nogueira de. *Café e ferrovias*. São Paulo: Alfa-Omega, 1974.

MELLO E SOUZA, Laura de. *Desclassificados do ouro: a pobreza mineira do século XVIII*. Rio de Janeiro: Graal, 1982.

MILLIET, Sérgio. *Roteiro do café e outros ensaios*. São Paulo: Departamento de Cultura da Prefeitura de São Paulo, 1941, 5ª ed.

MONBEIG, Pierre. *La Croissance de la ville de São Paulo*. Grenoble: Institut et Revue de Géographie Alpine, 1953.

MORANDINI, Alba Maria Figueiredo. "O trabalhador migrante nacional em São Paulo (1920-1923)", Dissertação de Mestrado, Pontifícia Universidade Católica de São Paulo, mimeo, 1978.

MORSE, Richard M. *Formação histórica de São Paulo*. São Paulo: Difel, 1970.

NABUCO, Joaquim. *O abolicionismo*. São Paulo: Companhia Editora Nacional, 1938.

Referências bibliográficas

NOVAIS, Fernando A. *Portugal e Brasil na crise do Antigo Sistema Colonial (1777-1808)*. São Paulo: Hucitec, 1979.

OLIVEIRA, Francisco de. "A emergência do modo de produção de mercadorias: uma interpretação teórica da economia da República Velha no Brasil", *in* FAUSTO, Boris (org.), *História geral da civilização brasileira — O Brasil republicano*, tomo III, vol. 1. São Paulo: Difel, 1975.

PERROD, Enrico. "Emigrazione e colonizzazione nella provincia brasiliana de S. Paolo", *Bollettino Consolare*, parte 2, n° 20, 1884.

PETRONE, Tereza S. "Imigração assalariada", *in* BUARQUE DE HOLANDA, Sérgio (org.), *História geral da civilização brasileira — O Brasil monárquico*, tomo II, vol. 3. São Paulo: Difel, 1976, 3ª ed.

PINTO, Virgílio Noya. "Balanço das transformações econômicas no século XIX", *in* MOTA, Carlos Guilherme (org.), *Brasil em perspectiva*. São Paulo: Difel, 1973.

A Plebe, São Paulo, 18/5/1914.

PRADO JR., Caio. *Formação do Brasil contemporâneo*. São Paulo: Brasiliense, 1957, 5ª ed.

_____. *História econômica do Brasil*. São Paulo: Brasiliense, 1972, 15ª ed.

A Província de São Paulo, São Paulo, 8/4/1888.

Recenseamento de 1890, Distrito Federal, Ministério da Indústria, Viação e Obras Públicas, Diretoria Geral de Estatísticas, 1895.

Recenseamento de 1906, Distrito Federal, Diretoria Geral de Polícia Administrativa, Arquivo e Estatística, 1907.

Relatório da Liga Paulista contra a Tuberculose, apresentado pelo Dr. Clemente Ferreira, São Paulo, 1911.

Relatório de Exame e Inspeção das Habitações Operárias do Distrito de Santa Efigênia, São Paulo, 1893.

RIBEIRO, João Ubaldo. *Viva o povo brasileiro*. Rio de Janeiro: Nova Fronteira, 1984.

La Rivista Coloniale, São Paulo, vol. IX, n° 11, 30/12/1918.

SAINT-HILAIRE, Auguste de. *Viagem à Província de São Paulo*. Belo Horizonte/São Paulo: Itatiaia/Edusp, 1976.

SILVA, Sérgio. *Expansão cafeeira e as origens da indústria no Brasil*. São Paulo: Alfa-Omega, 1976.

SIMONSEN, Roberto. *Evolução industrial do Brasil e outros estudos*. São Paulo: Companhia Editora Nacional/Edusp, Brasiliana, vol. 349, 1973.

_____. *História econômica do Brasil (1520-1820)*. São Paulo: Companhia Editora Nacional, 1977.

SPINDEL, Cheywa R. *Homens e máquinas na transição de uma economia cafeeira*. Rio de Janeiro: Paz e Terra, 1980.

STEIN, Stanley. *Vassouras: A Brazilian Coffee Country (1850-1950)*. Cambridge: Harvard University Press, 1957.

TAUNAY, Afonso d'Escragnolle. *História do café no Brasil*. Rio de Janeiro: Departamento Nacional do Café, 1939.

A Terra Livre, São Paulo, 22/1/1907 e 23/2/1907.

TSCHUDI, J. J. von. *Viagem às províncias do Rio de Janeiro e São Paulo*. São Paulo: Martins, 1953.

VASCONCELLOS, Henrique Dória de. "Alguns aspectos da imigração no Brasil", *Boletim do Serviço de Imigração e Colonização*, São Paulo, mar. 1941.

VILLELA, Anibal; SUZIGAN, Wilson. *Política do governo e crescimento da economia brasileira, 1889-1945*. Rio de Janeiro: IPEA-INPES, n° 10, 1975.

VIOTTI DA COSTA, Emília. *Da senzala à colônia*. São Paulo: Difel, 1966.

_____. "O escravo na grande lavoura", *in* BUARQUE DE HOLANDA, Sérgio, *História geral da civilização brasileira — O Brasil monárquico*, tomo II, vol. 3. São Paulo: Difel, 1976, 3ª ed.

_____. *Da Monarquia à República: momentos decisivos*. São Paulo: Grijalbo, 1977.

WHITE, George. "Brazil: Trends in Industrial Development", *in* KUZNETS, S.; MOORE, W.; SPENGLER, J. (orgs.), *Economic Growth: Brazil, India, Japan*. Durham: Duke University Press, 1955.

WILLIAMS, Eric. *Capitalismo e escravidão*. Rio de Janeiro: Companhia Editora Americana, 1975.

ZALUAR, Augusto Emilio. *Peregrinação pela Província de São Paulo (1860-1861)*. Belo Horizonte/São Paulo: Itatiaia/Edusp, 1975.

Referências bibliográficas

CRÉDITOS DAS IMAGENS

p. 19: Fazenda de café em São Paulo, *c.* 1910, National Photo Company Collection, Library of Congress Prints and Photographs Division, Washington, D.C.

p. 24: Escravos na colheita de café em uma fazenda no Vale do Paraíba, 1882, fotografia de Marc Ferrez.

p. 35: Escravos na praça Castro Alves, em Salvador, na Bahia, 1875, fotografia de Marc Ferrez.

p. 42: Escravos na colheita de café em uma fazenda no Vale do Paraíba, 1885, fotografia de Marc Ferrez.

p. 74: Grupo de italianos na Hospedaria de Imigrantes, em São Paulo, 1890.

p. 90: Empregados de uma fazenda de café em São Paulo, *c.* 1910, National Photo Company Collection, Library of Congress Prints and Photographs Division, Washington, D.C.

p. 112: Derrubada da mata no Rio Grande do Sul, início do século XX.

p. 132: Colonos italianos no Núcleo Colonial Gavião Peixoto, em Araraquara, 1911, Museu da Imigração do Estado de São Paulo.

p. 145: Indústria em São Paulo no início do século XX (Cotonifício Regoli, Crespi e Cia.), Museu da Imigração do Estado de São Paulo.

p. 149: Indústria em São Paulo no início do século XX, Museu da Imigração do Estado de São Paulo.

p. 153: Rua São João, São Paulo, *c.* 1890, fotografia de Marc Ferrez.

capa: Espalhando grãos de café no Brasil, s.d., Farm Security Administration, Office of War Information Photograph Collection, Library of Congress Prints and Photographs Division, Washington, D.C.

SOBRE O AUTOR

Lúcio Kowarick é graduado em Ciências Políticas e Sociais pela Fundação Escola de Sociologia e Política de São Paulo (1961), mestre em Ciências Sociais com o Diplôme D'Études Approfondies en Sciences Sociales, obtido na França (1967), e doutor em Sociologia pela Faculdade de Filosofia, Letras e Ciências Humanas da Universidade de São Paulo (1973). Atualmente é professor titular do Departamento de Ciência Política da FFLCH-USP, onde leciona desde 1970.

Trabalhou como pesquisador do CEBRAP, nos anos 1970, e do CEDEC, nos anos 1980, em São Paulo, tendo sido professor e pesquisador visitante do Institut de Recherche pour le Développement (IRD), do Institut de Recherches sur les Sociétés Contemporaines (IRESCO) e da École des Hautes Études en Sciences Sociales (EHESS), em Paris, do Institute of Development Studies da Universidade de Sussex, em Brighton, na Inglaterra, do Institute of Latin American Studies da Universidade de Londres, do Centre for Brazilian Studies da Universidade de Oxford, e do Japan Center for Area Studies, em Osaka.

Publicou os livros *Capitalismo e marginalidade na América Latina* (Paz e Terra, 1975), *A espoliação urbana* (Paz e Terra, 1979), *Trabalho e vadiagem: a origem do trabalho livre no Brasil* (Brasiliense, 1987), *Escritos urbanos* (Editora 34, 2000) e *Viver em risco* (Editora 34, 2009, Prêmio Jabuti 2010 de Melhor Livro de Ciências Humanas), entre outros, além de ter participado na organização das coletâneas *São Paulo 1975: crescimento e pobreza* (Loyola, 1976), *As lutas sociais e a cidade: São Paulo, passado e presente* (Paz e Terra, 1988) e *São Paulo, crise e mudança* (Brasiliense, 1990). Mais recentemente, organizou os volumes *São Paulo: novos percursos e atores* (com Eduardo Marques, Editora 34/CEM, 2011) e *Pluralidade urbana em São Paulo* (com Heitor Frúgoli Jr., Editora 34, 2016).

Em 2013 recebeu o Prêmio Florestan Fernandes, concedido pela Sociedade Brasileira de Sociologia, pelo conjunto de sua obra.

ESTE LIVRO FOI COMPOSTO EM SABON,
PELA BRACHER & MALTA, COM CTP DA
NEW PRINT E IMPRESSÃO DA GRAPHIUM
EM PAPEL ALTA ALVURA 90 G/M² DA CIA.
SUZANO DE PAPEL E CELULOSE PARA A
EDITORA 34, EM AGOSTO DE 2019.